GOLDMANN
Lesen erleben

Buch

Neale Donald Walsch hat über ein Jahr lang auf seiner Website Fragen von Teenagern aus aller Welt gesammelt. Fragen, die er nun Gott vorlegt und die von diesem auch beantwortet werden. Ganz im Stil seiner früheren Bücher bringt Walsch auch hier Klarheit in die Fragen, die jungen Leuten heutzutage auf den Nägeln brennen.

Die Antworten überlässt Walsch dem »intuitiven Telefon«, an dessen anderem Ende Gott selbst spricht. Der Gott, dem wir hier begegnen, ist frei von den Vorurteilen, welche die Menschen verschiedenster Religionen von ihm entworfen haben. Er steht den Menschen liebend zur Seite, statt sie als Rächergott zu bestrafen – auch wenn sie ihre Hausaufgaben nicht machen. Und er wählt dazu die Sprache, die zu seinen Gesprächspartnern passt. So erhalten die Teens Antworten, die zu ihrem Lebensgefühl passen.

Autor

Neale Donald Walsch arbeitete als Journalist und Verleger, war Programmdirektor eines Rundfunksenders, Pressesprecher und gründete eine erfolgreiche Werbe- und Marketingfirma. In einer schweren Krise richtete er seine Stimme an Gott. Was er als Ende seines Lebens empfunden hatte, erwies sich als großartiger Neuanfang. Heute widmet sich Walsch ganz der Aufgabe, die Botschaften seiner Bücher durch Publikationen, Vorträge und Retreats für spirituelle Erneuerung zu verbreiten. Er lebt in Ashland, Oregon.

Von Neale Donald Walsch sind im Goldmann Taschenbuch außerdem erschienen:

Gespräche mit Gott, Band 1 (21786)
Gespräche mit Gott, Band 2 (21838)
Gespräche mit Gott, Band 3 (21851
Gespräche mit Gott, Arbeitsbuch zu Bd. 1 (21559)
Freundschaft mit Gott (21674)
Gespräche mit Gott für Jugendliche (21617)
Gemeinschaft mit Gott (21809)
Neue Offenbarungen (21817)
Zuhause in Gott (21874)
Die Zukunft in unserer Hand (21993)
Erschaffe dich neu (16443)
Bring Licht in die Welt (16451)

Neale Donald Walsch

Gespräche mit Gott

Für Jugendliche

Aus dem Amerikanischen von
Burkhard Hickisch

GOLDMANN

Die amerikanische Originalausgabe erschien 2001
unter dem Titel »Conversations With God. For Teens«
bei Hampton Roads Publishing Company, Inc., Charlottesville, USA.

MIX
Papier aus verantwortungsvollen Quellen
FSC® C014496

Verlagsgruppe Random House FSC® N001967
Das für dieses Buch verwendete FSC-zertifizierte Papier
München Super liefert Arctic Paper Mochenwangen GmbH.

5. Auflage
Deutsche Erstausgabe Oktober 2004

Published by arrangement with Hampton Roads Publishing Co., Inc.
Dieses Werk wurde vermittelt durch die Literarische Agentur
Thomas Schlück GmbH, 30827 Garbsen
Umschlaggestaltung: Design Team München
Umschlagabbildung: Zeta/Heuvel
Redaktion: Annette Gillich
Satz: Uhl + Massopust, Aalen
Druck und Bindung: GGP Media GmbH, Pößneck
WL · Herstellung: ReD
Printed in Germany
ISBN 978-3-442-21617-8

www.goldmann-verlag.de

Inhalt

Vorwort

Es überwältigt mich immer wieder, wenn mir bewusst wird, durch wie viele Emotionen ich im Laufe der Jahre gegangen bin und mit welcher unbändigen Leidenschaft ich immer alles wissen wollte.

Ich hatte so viele Fragen, sie bezogen sich auf jeden Bereich meines Lebens. Es waren Fragen wie »Wer ist Gott, und wohin gehe ich, wenn ich sterbe?« und »Warum bin ich hier?« und »Warum fühlt sich mein Körper so schrecklich an?« und »Warum ist Sex mit so viel Scham verbunden?« und »Warum gibt es Krieg?«... und unzählige mehr, die ich hier nicht alle auflisten kann.

In mir waren große Widerstände gegenüber den Antworten, die mir in der Schule gegeben wurden oder die von Personen kamen, zu denen hochzuschauen mir beigebracht worden war. Es gab jedoch auch viele Antworten, die mich berührten und ermutigten. Andere Antworten vermittelten die Botschaft, dass ich keine Wahl habe und mich einfach nur einfügen müsse. Diese Antworten unterstellten, dass wir unser Leben auf eine bestimmte Weise leben müssen, wenn wir erfolgreich sein wollen (und lieferten auch gleich eine passende Definition von »Erfolg«).

Vieles von dem, was ich zu hören bekam, beruhte auf Intoleranz und Verurteilung, auf Ausschluss und Konkurrenz. Diese Botschaften (und noch viele andere) widersprachen dem, was ich in mir fühlte. Sie waren nicht eindeutig und schienen in die Irre zu führen, und ich hatte oft das Gefühl, dass sie letztlich auf Scheinheiligkeit und Heuchelei beruhten. Dennoch bildeten all diese Antworten den Kern dessen, was mir beigebracht wurde. Sie vermittelten mir die Botschaft, dass wir getrennte Individuen sind und der eine besser oder schlechter als der andere ist. Außerdem sei nicht genug für alle da, sodass wir darum kämpfen müssen, möglichst viel zu bekommen. Und wenn wir etwas wollten, das von dem abwich, was von Autoritäten oder der Gesellschaft als *richtig* betrachtet wurde, galten wir als »schlecht«.

Diese und andere Botschaften drangen tief in mich ein… nicht ohne mich zu verwirren und Widerstand hervorzurufen. Dennoch setzte ich mich mit ihnen mehr oder weniger intensiv auseinander. Einige von ihnen zog ich kurz in Erwägung, aber verwarf sie sogleich wieder; andere probierte ich jahrelang aus, um sie dann über Bord zu werfen. Ein paar spuken immer noch in meinem Kopf herum. Gleichzeitig festigte sich mein Entschluss, mich nicht wieder der Religion zuzuwenden, die ich mit zwölf Jahren hinter mir gelassen hatte, weil ich die ganze Scheinheiligkeit und Starrheit und Ausschließlichkeit nicht ertragen konnte.

Dadurch stand ich vor der großen Herausforderung, eine völlig neue Beziehung zu Gott aufzubauen. Da ich keine Religion mehr hatte, wusste ich zuerst nicht, wie ich es anstellen sollte. Und obwohl ich nie aufgehört hatte, an Gott zu glauben, sollte es nach meinem Abschied von der Religion noch Jahre dauern, bis ich eine neue, klare Vorstellung von Gott gefunden hatte, mit der ich mich wohl fühlte.

Nach einer Tournee, die anderthalb Jahre gedauert hatte, saß ich eines Tages allein in meinem Hinterhof, wo ich mich oft aufhielt, wenn ich nachdenklich war und Ruhe brauchte. Ich spürte einen inneren Konflikt in mir. Auf der einen Seite war ich über alle Maßen dankbar für das, was ich erreicht hatte, aber auf der anderen Seite fühlte ich, dass all diese Erfahrungen an meiner Isolation und Distanz gegenüber den Dingen nichts geändert hatten.

Ich hatte *alles* erreicht, was es nach herkömmlichen Maßstäben zu erreichen gab. Als ich über meinen Erfolg nachdachte, erkannte ich, dass diese Errungenschaften das natürliche Ergebnis meiner Bemühungen waren, jedoch nicht meine einzige Motivation.

Ich sah, dass ich hauptsächlich von zwei Motivationen angetrieben wurde: Die erste (und stärkste) bestand in dem Wunsch, mich selbst und die Welt, in der ich lebe, zu verstehen und mich ehrlich auszudrücken. Es war mir ein Bedürfnis, meine persönlichen Erkenntnisse und Offenbarungen mit anderen Menschen zu teilen, weil sie dadurch vielleicht in ihren eigenen Erfahrungen bestärkt würden oder sich ermutigt oder getröstet fühlten.

Ich glaube, dass wir uns mehr miteinander verbunden fühlen, wenn wir sehen, dass wir ähnliche Erfahrungen durchmachen. Wenn ich selbst behutsam mit mir umgehe, inspiriere ich vielleicht andere dazu, sich selbst ebenfalls mitfühlend zu behandeln. Zumindest könnte das, was ich denke und fühle, anderen Menschen dabei helfen, sich selbst besser zu verstehen, indem sie sich zu dem, was ich ausdrücke, in Beziehung setzen und positiv oder negativ darauf reagieren.

Die zweite motivierende Kraft bestand in meinem Wunsch, darüber hinauszugehen, mich nur mit mir selbst zu beschäftigen und meine Neugier zu befriedigen. Ich wollte herausfinden, wie es sich anfühlte, den Erfolg zu haben, der von einem *erwartet* wird, damit man angeblich als Person überhaupt irgendeinen Nutzen für die Gesellschaft hat.

Ich hatte zu diesem Zeitpunkt erreicht, was gesellschaftlich als Höhepunkt des Erfolgs betrachtet wurde, und dennoch hatte ich das Gefühl, dass etwas fehlte. Ich war fest entschlossen herauszufinden, was das war.

Ich ging also nach Indien, mit der bewussten Entscheidung, mich dem Druck zu entziehen, der dadurch entstand, im gleichen halsbrecherischen Tempo wie bisher weiterzumachen. Ich brauchte Ruhe zum Nachdenken, um mein Leben mit der größtmöglichen Objektivität betrachten zu können.

Einer Freundin gegenüber meinte ich scherzhaft, dass ich nach Indien ginge, um dort das zu tun, was ich auch in meinem Hinterhof tun konnte, aber es schien mir leichter, an einem Ort zu sein, wo ich nicht immerzu gefragt wurde: »Wann erscheint dein neues Album?« (an sich eine harmlose Frage, die zum damaligen Zeitpunkt meiner Situation jedoch nicht diente).

Das Wichtigste an meinem Aufenthalt in Indien war, dass ich nach *innen* gehen konnte. Zwar war ich nicht völlig unerfahren mit der inneren Suche, aber noch nie war ich so tief in mich gedrungen wie dieses Mal. Ich fand dort eine innere Landschaft, die ehrfurchtgebietender war als jedes Land, das ich jemals bereist hatte.

Ich unternahm diese Reise zu mir selbst unmittelbar nach meinem ersten großen Erfolg, der mir nicht nur gesellschaftliche Anerkennung brachte. Ich hatte auch eine authentische Form gefunden, mich selbst auszudrücken, und all das erlebt, was sich zwangsläufig ergibt, wenn man erfolgreich ist.

Angetrieben von dem Wunsch nach einem inneren Frieden, den ich noch nicht gefunden hatte, spürte ich in mir eine große Bereitschaft, buchstäblich *alles* loszulassen. Ich war bereit, jedwedes materielles Besitzdenken und alle Statussymbole aufzugeben. Ich war willens, *alles* zu tun, was notwendig war, um jegliche Illusionen hinter mir zu lassen und Frieden zu finden. Ich war sogar so weit, auf das Schreiben und die Musik zu verzichten, beides Ausdrucksformen, die mir seit frühester Jugend sehr am Herzen lagen und in denen ich immer wieder Trost fand.

Ich erwähne all dies, um zum Ausdruck zu bringen, dass ich vollkommen bereit war, alles zu tun, um inneren Frieden zu finden, obwohl ich nicht wusste, wie dieser Frieden aussah.

Vieles von dem, was ich zu der Zeit tat, funktionierte nicht richtig, und ich fühlte nicht die Freude, die meiner Ansicht nach mein Geburtsrecht war. Und wie sich herausstellte, musste ich *nicht* erst alles verlieren, um Frieden und Klarheit zu finden … notwendig war lediglich die *Bereitschaft,* mich auf alles einzulassen, sowie meine *Offenheit,* in unbekannte Gebiete vorzustoßen; allein dadurch fand ich schließlich Frieden und Klarheit.

Ich war bereit, alle Erwartungen loszulassen, die ich selbst von mir hatte oder die andere an mich stellten. Da ich wissen wollte, wer wirklich meine Freunde waren, schaute ich mir jede Freundschaft genau an. Ich erinnere mich daran, wie ich einer Freundin gegenüber an einem bestimmten Punkt erwähnte, dass ich das Gefühl hatte, es sei Zeit für mich zu sterben, weil kaum noch wirkliche Freunde übrig blieben (zum Glück habe ich mich geirrt, und ich bin froh darüber). Ich untersuchte alle Stimmen in meinem Kopf, die lieblose Botschaften aussendeten (und ich bearbeite diese inneren Tonbänder bis auf den heutigen Tag).

Ich wollte mir Klarheit darüber verschaffen, was ich für meinen eigentlichen Lebenssinn hielt: mich selbst zu bestimmen, mich zu akzeptieren und zu lieben und andere Menschen so gut ich konnte in ihrem Selbstfindungsprozess zu respektieren und zu ermutigen. Ich schaute mir vieles von dem an, was mir beigebracht worden war, um zu sehen, ob es diesem Zweck genügte. Es war eine schöne, aber gleichzeitig auch eine schreckliche Zeit. (Und heute habe ich immer öfter dieses Gefühl des Wiedergeborenseins, wenn ich am Morgen aufwache.)

Äußerlich hat sich wider Erwarten nicht viel in meinem Leben verändert, aber *innerlich* hat sich meine Beziehung zu vielen Dingen völlig gewandelt.

Das Buch, das ich mit nach Indien genommen hatte, veränderte mein Leben und half mir, auf meine Weise zu meinen tiefsten Wahrheiten vorzudringen. Es war das Buch *Gespräche mit Gott* von Neale Donald Walsch. Eine Freundin hatte es mir kurz vor der Abreise in die Hand gedrückt. Ich glaube, sie spürte, in welchem inneren Zustand ich mich befand, und hatte das Gefühl, dass das Buch mich ermutigen und mir die Einsichten schenken würde, die ich bereit war zu empfangen.

Nachdem das Buch zu mir gekommen war, fühlte ich mich schlagartig nicht mehr so allein… und mehr verstanden und bestätigt. Ich fühlte mich weniger *verrückt*. Beim Lesen vergoss ich viele Tränen des Wiedererkennens. Ich fühlte mich bestätigt, inspiriert und getröstet. Ich spürte, dass ich mit allem Leben verbunden war. Ich fühlte mich ermutigt und *anerkannt*. Gott war in diesem Buch so, wie ich ihn mir immer vorgestellt hatte: gren-

zenlos liebend, widerspruchsfrei und ohne Erwartungen. Ich hatte das Gefühl, *nach Hause zu kommen*.
Ich weiß, dass dieses Buch genau zum richtigen Zeitpunkt zu mir kam. Dennoch, hätte ich von seiner Existenz schon früher gewusst, hätte es mir so manchen Moment nutzlosen Leidens und sinnloser Isolation erspart.
Ich freue mich, dass es dieses Buch gibt, damit du es – wenn du möchtest – in diesem Moment deines Lebens lesen kannst. Und besonders freue ich mich, dass nun auch eine Version speziell für Jugendliche herausgekommen ist.
Ich hoffe, dieses Buch berührt dich so, wie ich von ihm und allen Büchern der Reihe *Gespräche mit Gott* berührt worden bin. Viele Menschen – quer durch alle Generationen – werden sich darüber freuen, wenn auch du aktiv an der Gestaltung der Zukunft teilnimmst.
Sei herzlich umarmt für den Mut und die Offenheit, die notwendig sind, um ein Buch wie dieses zu lesen. Und ich danke dir für deinen Beitrag hier auf dieser Erde, wie auch immer er aussehen mag.
Ich bin fest davon überzeugt, dass die Welt dir dafür dankbar ist, dass du genau so bist, wie du bist – hier und jetzt. Pass auf dich auf.

Liebe Grüße,
Alanis Morissette

1

Endlich gibt es Antworten

Stell dir vor, du könntest Gott alle Fragen stellen, die du möchtest. Zum Beispiel:
Warum können sich meine Eltern nicht weiterhin lieben und verheiratet bleiben?
Oder...
Wonach entscheidest du, wer Alanis Morissette oder Michael Jordan wird und wer ein gewöhnliches Leben führt?
Oder...
Warum kann ich nicht einfach Sex haben, ohne dass alle anderen ein Problem daraus machen?
Und stell dir vor, deine Fragen würden beantwortet:
»Deine Eltern können sich weiterhin lieben und zusammenbleiben, aber das würde erfordern, dass sie ihre Sicht der Dinge ändern. Es kann dir auch gut gehen, und du kannst ein glückliches Leben führen, wenn deine Eltern nicht zusammenbleiben, aber dazu wäre es notwendig, dass *du* deine Sicht der Dinge änderst.«
»Ich entscheide nicht, wer Alanis Morissette wird und wer ein normales Leben führt. Du triffst diese Entscheidung. Selbst in diesem Moment triffst du bestimmte Entscheidungen. Das Dumme ist nur, dass du dir darüber nicht bewusst bist.«

»Du kannst so viel Sex haben, wie du willst, meinetwegen jeden Tag, und du wirst deswegen keine Probleme mit irgendjemandem haben. Aber zuerst musst du verstehen, was Sex ist – und das könnte etwas anderes sein, als du erwartest.«
Wenn du mehr Antworten hören möchtest, so hält dieses Buch noch viele für dich bereit.

* * *

Dieses Buch enthält Fragen, wie sie eben gestellt wurden, von jungen Menschen aus der ganzen Welt. Die Antworten, die du auf diesen Seiten findest, sollen dir jedoch in erster Linie als Anregung dienen. Dieses Buch ist nicht dazu da, dir »die Antworten« zu geben. Das Letzte, was du brauchst, sind andere Menschen, die dir »die Antworten« geben. Dieses Buch zielt darauf ab, dass du beim Lesen *deine eigenen* Antworten findest.
Wenn du Zugang zu deinen eigenen Antworten hast, kann sich die Hoffnungslosigkeit, die du manchmal in deinem Inneren fühlst, immer mehr auflösen.
Dieses Buch ist das Ergebnis eines Gesprächs mit Gott. Ich weiß, was du jetzt denkst. Du bist dir noch nicht einmal sicher, ob Gott überhaupt *existiert,* und schon gar nicht, ob man sich mit ihm auch unterhalten kann, stimmt's? Mach dir bitte an dieser Stelle nicht zu viele Gedanken. Wenn du nicht an Gott glaubst, dann betrachte dieses Buch als eine fiktive Erzählung. Ich habe nichts dagegen, denn es wird sich trotzdem lohnen, es zu lesen. Vielleicht ist es sogar trotzdem das beste Buch, das du jemals gelesen hast.
Ich bin überzeugt, dass Gott existiert und mit uns spricht. Ich spreche jedenfalls ständig mit Gott. Wie diese Gesprä-

che stattfinden, werde ich weiter unten erklären. Für jetzt soll es genügen, dass du die Möglichkeit in Betracht ziehst, dass dieses Buch zu dir gekommen ist, um dein Leben zu verändern, wenn du dies möchtest. Es kann auch die Welt um dich herum verändern, wenn dies ebenfalls dein Wunsch ist.

Ich glaube keine Sekunde daran, dass dieses Buch zufällig in deinen Händen gelandet ist. *Du hast dieses Buch zu dir gerufen.*

Du hast dieses Buch zu dir gerufen, weil du in einer verrückten Welt lebst und etwas verändern willst. Irgendwo in deinem Inneren, tief in deinem Kern, weißt du, was Leben sein *könnte.* Du weißt, dass es nicht darum geht, dass wir uns hier gegenseitig verletzen. Du weißt, dass niemand das Recht hat, alles an sich zu reißen und zu horten, während andere so wenig haben.

Du weißt, dass Macht nicht rechtens ist. Du weißt, dass es auf Wahrheit ankommt, auf Offenheit, Transparenz und Fairness, und dass es nicht darum geht, im Geheimen die Fäden zu ziehen und die Dinge aus dem Hintergrund zu manipulieren, um den größten Vorteil für sich herauszuschlagen. Dir ist bewusst, dass es kein wirklicher Gewinn ist, wenn du einen Vorteil auf Kosten eines anderen erzielst.

Dir ist all dies bewusst, und du weißt noch viel mehr.

Du weißt, dass viel von dem, was in der Schule gelehrt wird, sinnlos ist. Wo sind die Unterrichtsfächer, in denen du lernst, die Macht mit anderen zu teilen, kooperativ zu leben, Unterschiede zu akzeptieren und Vielfalt zu feiern? Wo sind die Unterrichtseinheiten über problemfreie Sexualität und unbegrenzte Liebe?

Wo sind die Kurse über umweltverträgliche Lebensweise,

verantwortliches Wirtschaften und kollektives Bewusstsein? Wo sind die Kurse, die dringend notwendig sind? Könnte nicht Lesen, Schreiben und Rechnen in Verbindung mit solchen Kursen gelehrt werden?
Natürlich wäre das möglich, und du weißt das auch.
Dir ist all dies bewusst, und du weißt noch viel mehr.
Du weißt, dass unsere politischen Systeme diesen Planeten aussaugen. *Sie funktionieren einfach nicht*. Wir schaffen es noch nicht einmal, einen Präsidenten zu wählen und jede Stimme zählen zu lassen. Der Wahlvorgang als solcher funktioniert schon nicht, und noch weniger die Politik *nach* der Wahl.
Dir ist all dies bewusst, und du weißt noch viel mehr.
Du weißt, dass die meisten Menschen nur darauf aus sind, nach außen hin den Schein zu wahren. Sie sagen das eine und tun das andere. Und sie glauben, du bemerkst das nicht. Sie denken, du schaust schon nicht so genau hin, oder sie halten dich für nicht schlau genug, um zu begreifen, dass alles letztlich – nüchtern betrachtet – eine riesengroße Heuchelei ist.
Dir ist all dies bewusst, und du weißt noch viel mehr.
Du weißt, was in dieser Gesellschaft belohnt wird und was nicht, und dass wir in diesem Punkt keine vernünftigen Maßstäbe mehr haben. Du weißt, dass es absurd ist, einem Baseballspieler der New York Yankees 30 Millionen Dollar im Jahr zu zahlen, aber nur 30 000 Dollar im Jahr für Menschen auszugeben, die unsere Kranken pflegen oder unseren Kindern etwas beibringen oder sich um diejenigen kümmern, die am Rande der Gesellschaft stehen.
Dir ist all dies bewusst, und du weißt noch viel mehr.
Du weißt, dass du in einer Gesellschaft lebst, die das, was

ein Problem *geschaffen* hat, dazu benutzt, dieses Problem zu *lösen*. Diese Gesellschaft tötet, um Leute am Töten zu hindern; sie benutzt Gewalt, um Gewalt zu beenden; sie ist ungerecht im Namen der Gerechtigkeit; macht Unterschiede im Namen der Gleichheit; ist intolerant im Namen der Toleranz; führt Kriege im Namen des Friedens und bedient sich unsinniger Methoden, in der Hoffnung, damit eine sinnvolle Zukunft gestalten zu können.

Was ist falsch an diesem Zustand?, fragst du dich, und du *weißt*, was falsch daran ist. Es muss dir niemand sagen. Dich interessieren nur Menschen, die etwas dagegen unternehmen wollen. Du hältst nach Menschen Ausschau, die *fähig* sind, etwas zu tun, denn bislang sah alles ziemlich hoffnungslos aus.

Und warum schien alles so hoffnungslos zu sein? Die Hauptursache liegt darin, dass alle Menschen sich etwas vormachen. Niemand will aussprechen, wie es wirklich ist.

Nun, all das wird sich ändern.

Hier und jetzt.

Mit diesem Buch.

2
Zeit der Wahrheit

Du sagst die Wahrheit. Das ist das Gute an dir.

Ich meine, du läufst nicht umher und betrügst dich selbst und führst alle anderen an der Nase herum. Du bist einfach, wer du bist, und damit hat es sich. Wenn es anderen nicht gefällt, dann ist das *ihre* Sache, und ich glaube nicht, dass du damit ein Problem hast, oder?

Okay, das heißt, du bist bereit. Menschen, die die Wahrheit *sagen*, sind in der Regel auch bereit, die Wahrheit zu *hören*. Das ist gut, denn wir werden uns mit etwas befassen, das wirklich interessant ist. Wir werden ein Gespräch mit Gott führen. Aber wenn du nicht bereit dafür bist, wird es nicht funktionieren.

Oh, das Gespräch als solches wird stattfinden, du kannst es nicht verhindern. Jeder von uns spricht jeden Tag unaufhörlich mit Gott. Du wirst es nur nicht verstehen, wenn du nicht bereit dafür bist. Du liest dann dieses Gespräch, ohne es zu begreifen. Es ist wie mit vielen anderen Dingen im Leben auch. Du musst dafür bereit sein.

Ein Großteil der Menschen ist festgefahren, und zwar schon seit einem halben Jahrhundert. Denken und Handeln basieren auf Ideen, die über fünfzig Jahre alt sind. Du brauchst nur aus dem Fenster zu schauen.

Viele Menschen, die noch diesen Vorstellungen anhängen,

sind nicht bereit. Sie schwören weiterhin auf die Vergangenheit. Sie sind nicht bereit für Veränderung und für Antworten, die zu diesen Veränderungen führen würden. Die meisten sind einfach nicht gewillt, sich zu verändern.
Ich glaube, du bist bereit dafür. Lass mich dir also erklären, was ich vorhabe.
Ich schrieb ein Buch mit dem Titel *Gespräche mit Gott*, weil ich herausfinden wollte, warum mein Leben nicht so verlief, wie ich es mir wünschte. Ich fragte mich, warum alles immer so schwierig sein musste. Ich wollte die Regeln kennen und wissen, wie ich »spielen« konnte, ohne immer nur zu verlieren. Ich wollte begreifen, worum es eigentlich ging.
Aus diesem Hilferuf heraus entwickelte sich ein Dialog mit Gott, den ich im Kopf hatte und zu Papier brachte. Andere Menschen konnten etwas mit meinen Gedanken anfangen, das Buch wurde nach und nach in siebenundzwanzig Sprachen übersetzt.
Meine Fragen hörten nicht auf, und weitere Bücher folgten. Dann fragte mich jemand: »Warum schreibst du kein Buch für Jugendliche?« Und ich antwortete: »Weil ich nicht weiß, was ich fragen soll.« Worauf mein Gegenüber meinte: »Warum lässt du sie nicht ihre eigenen Fragen stellen?«
Ich stellte also Jugendlichen, im direkten Gespräch oder per Internet, die folgende Frage: »Wenn du Gott eine Frage stellen könntest, wie würde diese lauten?«
Zahlreiche Jugendliche antworteten darauf. Hier sind einige ihrer Fragen an Gott:
Warum lässt du es zu, dass Kinder körperlich und sexuell missbraucht werden? Warum wird nicht jeder mit der gleichen Intelligenz geboren? Warum gibt es so viel Hass auf der Welt?

Wie kommt es, dass es einen Generationskonflikt gibt? Warum können unsere Eltern nicht einfach normal mit uns reden? Warum existiert überall so viel Druck – von Seiten der Eltern, der Schule, der Gesellschaft?
Wird mein Leben vom Schicksal kontrolliert? Warum bringt man uns in der Schule nur Fakten bei und keine Ideen?
Warum muss ich mit dreizehn Jahren im Kino Erwachsenenpreise zahlen, ohne Erwachsenenfilme sehen zu dürfen? Da stimmt doch etwas nicht. Warum müssen wir nach sieben Stunden Schule auch noch stundenlang Hausaufgaben machen?
Ich bin verwirrt und weiß nicht, wie ich mit meiner neuen sexuellen Identität umgehen soll. Ich habe gerade herausgefunden, dass ich schwul bin. Wie soll ich das den Menschen, die ich liebe, beibringen?
Warum erlassen die Menschen so blöde Gesetze? Wenn du uns erschaffen hast, wer hat dann dich erschaffen?
Wie kommt es, dass ein Gott der Barmherzigkeit so rechthaberisch ist und so intolerant gegenüber anderen Sichtweisen? Wie kann ein Gott der Gnade überhaupt irgendwen für irgendetwas verurteilen? Warum verdammt er bis in alle Ewigkeit für Übertretungen, die flüchtig und vergänglich sind?
Warum sehen meine Eltern immer nur die Sachen, die ich falsch mache? Wie kommt es, dass Erwachsene immer respektiert werden wollen, ohne selbst andere Menschen zu respektieren?
Warum müssen Menschen sterben? Warum können wir nicht ewig leben? Wie sieht der Himmel aus?
Warum darf ich mit achtzehn Jahren für mein Land sterben, mir aber an einem heißen Tag kein kühles Bier kaufen?

Ich habe das Gefühl, dass ich überall erfolgreich sein muss. Meine Eltern scheinen sich nichts sehnlicher zu wünschen. Aber was ist »Erfolg«?
Ich weiß nicht, welcher Clique ich mich anschließen soll.
Warum wollen sich alle immer voneinander unterscheiden?
Warum flippen meine Eltern beim Thema Sex immer aus? Mein Gott, sie flippen wirklich aus.

* * *

Nun, sind das nicht großartige Fragen? Sie werden alle in diesem Buch beantwortet, genauso wie noch viele andere, die ebenfalls gestellt wurden – Fragen in Bezug auf Autorität, die richtige Berufswahl, Drogen, Heiraten oder Zusammenleben, aber auch danach, wie die Erfahrungen in unserem Leben entstehen und wie Gott aussieht.
Wir wollen uns nun eine dieser Fragen genauer anschauen, sodass du sehen kannst, wie ein solches Gespräch abläuft. Danach werde ich dir erklären, auf welche Weise ich die Antworten »empfange«.
Die nachfolgende Frage erhielt ich von einer jungen Frau namens Varinia.

Warum lässt du es zu, dass Kinder körperlich und sexuell missbraucht werden?

Varinia, meine liebe Freundin, ich weiß, dass du tief in deiner Seele den Wunsch hegst, dass es keine Grausamkeiten mehr auf der Erde gibt. Viele Menschen wünschen sich das und setzen sich dafür ein.
Es gibt deshalb so viel sexuellen Missbrauch, weil es so viel sexuelle Unterdrückung gibt. Seit frühester Kindheit

wird den Menschen beigebracht, sich für ihre Körperteile zu schämen und in Bezug auf ihre Sexualität peinlich berührt zu sein oder sich schuldig zu fühlen. Die Folge davon ist, dass Millionen von Menschen sexuelle Probleme haben, die du nicht für möglich halten würdest.

Später in diesem Gespräch werden wir uns darüber unterhalten, wie du dazu beitragen kannst, all dies zu verändern, und wie du mit den Menschen in deiner unmittelbaren Umgebung klarkommen kannst. Aber du hast mich nicht gefragt, warum es körperlichen und sexuellen Missbrauch gibt, deine Frage lautete, warum ich ihn zulasse – und mir ist klar, dass es sich dabei um eine vollkommen andere Frage handelt.

Ja, das stimmt. Also warum lässt du es zu?

Als ich das Leben schuf, das dir bekannt ist, spaltete ich mich in endlos viele Teile von mir auf. Das ist damit gemeint, wenn man sagt, du seiest nach dem »Ebenbilde Gottes« gemacht.

Weil Gott der Schöpfer ist, seid ihr also ebenfalls Schöpfer. Ihr habt, genau wie ich, einen freien Willen. Hätte ich euch keinen freien Willen gegeben, könntet ihr nichts erschaffen, ihr könntet nur reagieren. Wenn ihr nur das tun könntet, was ich euch sage, könntet ihr nichts erschaffen, sondern nur gehorchen.

Gehorsam ist nicht schöpferisch. Zu gehorchen ist ein Akt der Unterwerfung und kein Akt von kreativer Kraft. Gott muss sich niemandem unterwerfen, und da ihr ein Teil Gottes seid, seid auch ihr niemandem untertan.

Dies ist auch der Grund, warum ihr sofort rebelliert, wenn euch jemand unterwerfen will. Unterworfen zu sein entspricht nicht eurer Natur. Es widerspricht dem, was ihr im Kern eures Wesens seid.

Aber was ist mit den Menschen, die mit ihrem freien Willen Dinge tun, die andere sehr verletzen?

Es gibt viele solche Menschen, und es stimmt, ich hätte es verhindern können. Ich habe es nicht getan, weil der Prozess des Lebens als solcher ein Ausdruck des freien Willens ist. Ein Leben, das nicht auf der Basis eines freien Willens gelebt wird, ist kein Leben, sondern Tod.
Selbst wenn der Ausdruck des freien Willens nicht den höchsten moralischen Ansprüchen genügt, muss er erlaubt sein, denn sonst wird die Freiheit als solche zur Farce.
Das Wort »Freiheit« und das Wort »Gott« sind vollkommen austauschbar. Du kannst das eine nicht ohne das andere haben. Damit Gott existieren kann, muss es Freiheit geben.
Freiheit kommt jedoch erst dann zur höchsten Entfaltung, wenn sie nicht nur von einigen wenigen, sondern von allen Wesen gelebt wird. Es steht den Menschen auf der Erde also frei, körperlichen und sexuellen Missbrauch für immer aus ihrer kollektiven Erfahrung zu tilgen.
Sie haben außerdem die Freiheit, alle anderen Formen von Elend und Grausamkeit zu beseitigen, unter denen sie gegenwärtig leiden.

Wie kann das geschehen?

Genau diese Frage wird dieses Buch beantworten.

* * *

Das ganze Buch besteht aus dieser Art von Dialogen. Die »Ausgangsfragen« der jeweiligen Dialoge stammen von jungen Menschen wie dir. Einige der weiterführenden Fragen im Dialog habe ich gestellt, da ich das Gefühl hatte, dass diejenigen, die die *erste* Frage gestellt hatten, so weitergefragt hätten, wenn es ihnen möglich gewesen wäre.
Um besser zu verstehen, wie diese »Gespräche« funktionieren, solltest du wissen, dass wir alle – wie ich bereits erwähnte – jeden Tag mit Gott sprechen, also auch du. Du hast es bislang vielleicht nur nicht so genannt.
Gott spricht die ganze Zeit über mit uns allen. Wir stehen im ständigen Austausch mit dem Universum. Das Leben erzählt dem Leben ständig über das Leben. Das Leben sendet uns unaufhörlich seine Botschaften.
Wahre Weisheit mag sich in einer beiläufigen Bemerkung verstecken, die ein Freund im Vorbeigehen fallen lässt, oder im Text eines Liedes, das du gerade im Radio hörst; in den Worten, die dich riesengroß von einer Reklametafel aus anschreien; in der Stimme, die in deinem Kopf flüstert, oder in diesem Buch … das dir »zufällig« in die Hände geraten ist.
Wenn du die Worte »wahre Weisheit« durch das Wort »Gott« ersetzt, wirst du begreifen, wie dein Gespräch mit Gott abläuft. Gott hört *niemals* auf, die Menschheit zu inspirieren, und er inspiriert uns dadurch, dass er uns *Mitteilungen* schickt – Ideen, Gedanken, Liedertexte, Wörter zu einem Buch … egal, wie man es nennen mag.
Mit mir spricht Gott meistens in Form von Gedanken, besonders wenn ich ihn bei einer schwierigen Frage um Hilfe bitte. Ich muss dann allerdings bereit sein, ganz still zu werden, damit ich die Antwort auch hören kann. Gott »spricht« zu mir mit einer Stimme, die sich anders anhört

als andere Stimmen. Es ist mehr eine »stimmlose Stimme«, so etwas wie die Stimme deiner eigenen Gedanken. Jetzt sagst du vielleicht: »Nun, es *sind* deine Gedanken, die du hörst! Warum hältst du sie für die Stimme Gottes?« Das ist eine berechtigte Frage. Wenn ich sie Gott stelle, bekomme ich die folgende Antwort:

Neale, wie sollte ich es sonst anstellen, mich mit dir zu unterhalten? Ist es nicht am einfachsten, »Stimmen in deinem Kopf zu erzeugen«?
Wenn Thomas von Aquin »Stimmen in seinem Kopf« über Theologie vernahm, sagte man dann nicht, er sei »von Gott inspiriert«?
Wenn Wolfgang Amadeus Mozart »Stimmen in seinem Kopf« über Musik vernahm, sagte man dann nicht, er sei »von Gott inspiriert«?
Wenn Thomas Jefferson »Stimmen in seinem Kopf« über Freiheit vernahm, sagte man dann nicht, er sei »von Gott inspiriert«, um eine Deklaration über »eine Nation unter einem Gott« zu schreiben?
Wie könnte ich sonst mit Menschen kommunizieren, wenn nicht dadurch, dass ich »Stimmen in ihrem Kopf« erzeuge? Glaubst du, ich erscheine an ihrer Tür, bekleidet mit einem langen weißen Gewand, und überreiche ihnen eine Schriftrolle? Oder denkst du, ich erscheine auf einer weißen Wolke über ihrem Bett und verkünde meine Weisheiten? Wäre ich glaubhafter für dich, wenn ich so in Erscheinung treten würde?
Möchtest du, dass ich auf diese Weise mit dir kommuniziere? Glaubst du eher an etwas, das als etwas Unglaubliches daherkommt?
Lass dir Folgendes gesagt sein: Ich kommuniziere mit Men-

schen *auf die Weise, die die größte Glaubwürdigkeit besitzt.* Ich tue dies aus einem guten Grund. *Ich möchte, dass man mir glaubt.* Aber selbst dann glaubt man mir nicht.

Für die meisten Menschen muss Gott als eine überwältigende Erscheinung in ihr Leben treten, damit sie ihm glauben. Er muss in langen Gewändern erscheinen und ihnen eine Schrifttafel überreichen. Ich bin auf diese Weise in Erscheinung getreten, das stimmt. *Aber glaubst du, ich habe keine anderen Möglichkeiten zur Kommunikation?*

Viel öfter trete ich mit Menschen auf natürliche Weise in Verbindung, als integraler Bestandteil des Lebens als solchem. Es kann ein Gedanke sein, ein Gefühl oder eine Inspiration – genauso wie ich in diesem Moment zu dir komme durch die Gefühle, die du hast, und durch die Worte, die du hörst, und durch den Inhalt dieses Absatzes.

Diese Worte erhielt ich als Antwort, und sie machen deutlich, wie der ganze Prozess abläuft.

Es würde sich jetzt sicherlich gut anhören, wenn ich sagen könnte, dass ich stundenlang über meine Fragen nachdenke und bewegungslos dasitze, bis die Erleuchtung über mich kommt und die Göttliche Energie mich bis in die Fingerspitzen durchflutet. Aber die Wahrheit ist, dass ich das, was mir als Erstes in dem Kopf kommt, sofort aufschreibe. Ich überarbeite und verändere nichts. Ich schwäche nichts ab und bausche nichts auf. Ich halte einfach nur das fest, was ich höre, so als ob ich ein Diktat in Empfang nehmen würde.

Ich tue dies nun schon seit zehn Jahren, seit meine Lebensumstände mich dazu veranlassten, nach Gott Ausschau zu halten und ihn um Hilfe zu bitten. Dieses Buch habe ich direkt für dich geschrieben. Ich wende mich nicht nur deshalb an Jugendliche, weil ich darum gebeten worden bin, sondern auch, weil ich zahllose Briefe von Jugendlichen aus der ganzen Welt bekommen habe, in denen sie mir mitteilten, wie stark die bisherigen Bücher der Serie »Gespräche mit Gott« auf sie gewirkt hätten und dass sie noch viele andere Fragen haben!

Einige der Jugendlichen erlaubten mir, ihren vollen Namen zu benutzen, während andere lieber anonym bleiben wollten. Um eine einheitliche Form zu gewährleisten, erwähne ich nur den – manchmal abgekürzten – Vornamen und das Alter, wenn es angegeben war. Den Wohnort gebe ich nur dann an, wenn ich die Erlaubnis dazu hatte.

Nachdem ich zwei Jahre lang mit Jugendlichen wie dir gesprochen und genügend interessante Fragen gesammelt hatte, bat ich einen solchen jungen Menschen, mir dabei zu helfen, die Fragen in bestimmte Kategorien zu ordnen, sodass sich eine gewisse Reihenfolge in der Darstellung ergab.

In Einzelfällen schickte ich die Antwort an den Fragesteller oder die Fragestellerin zurück, um zu sehen, welche Reaktion oder welche zusätzlichen Fragen sie bei ihm oder ihr auslöste. Wie ich bereits erwähnte, habe ich auch selbst ein paar Fragen hinzugefügt, von denen ich annahm, dass sie der ursprüngliche Fragesteller eingebracht hätte, wenn er in der Lage gewesen wäre, die Unterhaltung direkt fortzuführen. Es gibt auch Fragen, die *ich selbst* stellen wollte, und sie befinden sich ebenfalls in diesem Buch. Ich habe mich bemüht, sie wie Fragen von Jugendlichen klingen zu lassen und auf diese Weise einen Dialog zu erzeugen.

Manchmal richteten sich die Antworten direkt an mich, manchmal an die Person, die die Ausgangsfrage gestellt hatte. *Einige Antworten sind auch direkt an dich als Leser oder Leserin dieses Buchs gerichtet.*
Es war sehr aufregend, dieses Buch zu schreiben, und ich habe das Gefühl, dass etwas Zauberhaftes geschieht, wenn du es liest.
Wenn du die Fragen siehst und die Antworten liest, wirst du wahrscheinlich entweder der Antwort zustimmen oder der Antwort nicht zustimmen oder irgendwo dazwischen liegen. Das Zauberhafte geschieht in dem Moment, in dem du durch die Antworten darauf gestoßen wirst, was *du* denkst und was *du* fühlst. Du kommst in Berührung mit deiner eigenen inneren Wahrheit. Dieses Wunder geschieht in jeder guten Unterhaltung, und daher sollen auch deine Gespräche mit Gott dich letztlich dazu befähigen, auf deine innere Wahrheit zu hören.

3

Die Veränderer

Ihr jungen Leute seid interessiert und wollt alles wissen. Ihr habt noch nicht aufgehört, Fragen zu stellen. Manche Erwachsene sind euch noch ähnlich, viele von ihnen stellen jedoch keine Fragen mehr. Zu viele. Sie haben ihre Religion, ihre Philosophie, ihre politische Partei oder alles drei zusammen und verspüren keinen Impuls mehr, nachzufragen. Sie denken, sie kennen alle Antworten.
Sie kennen sie nicht. So wie die Welt heutzutage ausschaut, machen die Menschen nicht den Eindruck, als wüssten sie irgendeine sinnvolle Antwort. Aber die meisten von ihnen sind nicht bereit, dies zu hören. Ich glaube, du bist bereit. Das macht dich nicht besser, du bist einfach nur anders. Anders zu sein, bedeutet nicht, besser zu sein, sondern einfach nur, nicht so zu sein wie alle anderen.
Es ist wichtig für dich, dass du diesen Unterschied kennst. Und es ist genauso wichtig, dass du weißt, dass *du* einen Unterschied machen kannst, weil du anders *bist*.
Ihr jungen Leute habt alle Trümpfe in der Hand. Doch ihr müsst wissen, dass es nicht darauf ankommt, sich wie ein kleines Kind nur um des Unterschieds willen von anderen abzugrenzen. Es ist etwas anderes, wenn man sich abgrenzt, weil man etwas anderes *will*. Dies tun diejenigen, die wollen, dass ihr Leben einen Sinn hat. Nicht in den

Augen von anderen (denn sie wissen bereits, dass es darauf nicht ankommt), sondern in ihren eigenen Augen.
Es gibt Menschen, die durch ihr Leben tatsächlich etwas auf diesem Planeten bewirken. Letztlich sind es diese Menschen, die nach und nach die Welt verändern.
Sie tun dies nicht dadurch, dass sie große Staatsmänner werden und weltweiten Einfluss haben (obwohl einige von ihnen genau das tun werden). Sie ändern die Welt nicht dadurch, dass sie sich über die Menge erheben und sagen: »Folgt mir« (obwohl einige genau das tun werden). Und sie ändern sie nicht, indem sie Bestseller schreiben oder in bedeutenden Filmen auftreten oder durch ihre Musik bekannt werden (obwohl einige genau das tun werden).
Sie werden vielmehr Dinge verändern, indem sie sich leise durch die Welt bewegen. Die große Masse wird sie nicht bemerken, aber diejenigen, deren Leben sie berühren, werden sie nie vergessen. Sie werden die Welt dadurch verändern, dass sie anders sind und sich anders verhalten. Sie marschieren zu einem anderen Takt, indem sie das Leben anders *leben* – so als ob sie andere Regeln hätten.
Dies ist damit gemeint, wenn ich sage, dass es nicht darum geht, sich nur abzugrenzen, sondern wirklich *etwas anderes zu tun*. Nun mögen manche sagen: »Was macht das schon für einen Unterschied? Es ändert sich doch eh nichts.« Wer so etwas sagt, weiß nicht, dass sich unser individuelles Leben tatsächlich verändern *kann* und dass sich auch die Welt dadurch verändert. Es gibt Menschen – und die meisten von ihnen sind noch jung –, die in diesem Augenblick das kollektive Bewusstsein um sich herum erhöhen. Manche tun es im Rampenlicht, manche hinter verschlossener Tür, aber sie tun es.
Diese Menschen sind die Veränderer. Sie verändern die

Welt dadurch, dass sie einfach so sind, wie sie sind. Wenn sie einen Raum betreten, verändert sich die Atmosphäre. Alles wird leichter und fühlt sich anders an. Plötzlich ist alles gut. Die Welt wird zu einem angenehmeren Ort, wenn auch nur für einen kurzen Moment.

Du weißt sicherlich, von welcher Art von Personen ich spreche. Auch du kannst so eine Person sein und hier und jetzt in Erscheinung treten. Vielleicht bist du bereits einer der Veränderer. Es geht nicht darum, ob du ein Veränderer bist oder nicht, sondern was du als Nächstes verändern willst.

Du bist auf jeden Fall nicht zufällig auf dieses Buch gestoßen. Wie ich bereits erwähnt habe, hast du es zu dir gerufen. Es mag auf Umwegen in deine Hände geraten sein, aber das heißt nicht, dass du dich nicht bewusst dafür entschieden hast, es zu lesen. Glaub mir, auf einer bestimmten Ebene hast du es getan, sonst würdest du es jetzt nicht in den Händen halten. Vielleicht geschah es unbewusst, aber *du hast es zu dir gerufen*.

Warum? Weil du Veränderungen willst, und zwar jetzt. Nicht nächstes Jahr oder irgendwann »in ferner Zukunft«, sondern JETZT. Du bist bereit.

Du bist bereit, hier und jetzt deine innere Weisheit, deinen Mut und die Wahrheit deines Herzens zu leben. Dennoch bist du unsicher, wie du dies alles im täglichen Leben umsetzen sollst, und wünschst dir, dass die ganze Welt ihren höchsten Wahrheiten gemäß lebt, weil es *einen anderen Weg geben muss, sein Leben zu führen*. Du weißt, dass es diesen Weg gibt, und bist entschlossen, ihn zu gehen.

Wie ich schon sagte, wollen viele Menschen keine neuen Antworten finden oder Veränderungen herbeiführen. Nicht jetzt und auch nicht später. Sie sind nicht bereit, sich die

Dinge genau anzuschauen und machen sich keine Gedanken darüber, wie es anders sein könnte.
Sie sind nicht bereit.
Du hingegen bist bereit. Du bist es *bestimmt,* wenn du bis *hierhin* gelesen hast.

4

Der Dialog fängt an

Ich habe lange überlegt, womit ich den Dialog beginnen lasse. Schließlich beschloss ich, dass es am besten sei, mit den Fragen anzufangen, die ich in der einen oder anderen Form immer wieder zu hören bekam. Es handelt sich dabei um Fragen, die geradezu danach schreien, beantwortet zu werden. Also habe ich sie einfach in den Computer getippt und unmittelbar danach das festgehalten, was mir als Erstes in den Kopf kam. Ich vertraue darauf, dass Gott die Antwort inspiriert hat – und darüber hinaus alle Antworten zu sämtlichen Fragen, die in diesem Buch auftauchen.

Warum ist die Welt so, wie sie ist? Warum können wir nicht aufhören zu töten und zu leiden? Warum können wir nicht miteinander auskommen, nett zueinander sein und uns gegenseitig lieben? Gibt es Hoffnung, dass sich der gegenwärtige Zustand jemals ändert? Ist der Einzelne überhaupt unfähig, etwas zu verändern? Oder sollte ich lieber aufgeben, keine Hoffnung mehr haben und aufhören, gegen den Strom zu schwimmen, weil es sich letztlich doch nicht lohnt?
Also, Gott – falls es dich überhaupt *gibt* –, was meinst du dazu?

ICH BIN FROH, dass du diese Fragen stellst. Es sind wirklich wichtige Fragen, und es ist sehr gut, mit ihnen anzufangen.
Zuerst aber möchte ich dir dafür danken, dass du dich auf den Dialog mit mir einlässt. Ich danke dir dafür, dass du mir die Möglichkeit gibst, auf diese Weise mit dir zu sprechen. Ich spreche ständig mit dir (ob du es wahrnimmst oder nicht), und ich freue mich daher, dass uns nun auch diese Möglichkeit der direkten Kommunikation zur Verfügung steht.
Oh, fast hätte ich es vergessen: Ja, ich existiere. Es gibt Gott wirklich.
Wir werden später noch ausführlicher über dieses Thema sprechen. An dieser Stelle möchte ich jedoch bei den Fragen bleiben, die du soeben gestellt hast, denn sie sind sehr wichtig.
Die Welt ist deshalb so, wie sie ist, weil die Menschen sie so geschaffen haben. Sie muss nicht zwangsläufig so sein, wie sie ist, aber sie spiegelt jeden Gedanken wider, den ihr habt. Das kollektive Denken der Menschheit und die Vorstellungen, die sich darin von Anbeginn der Zeit bis heute angesammelt haben, prägen die Welt, in der du lebst.
Die Menschen waren bislang nicht in der Lage, all das Töten und Leiden zu stoppen, weil ihre Mentalität von Töten und Leiden geprägt ist.
Die Menschen, die vor dir gelebt haben, waren der Ansicht, dass Töten ein legitimes Mittel sei, um Meinungsverschiedenheiten zu lösen oder das zu bekommen, was sie haben wollten oder glaubten, haben zu müssen.
Deine Vorfahren waren außerdem der Ansicht, dass das Leiden untrennbar zum Leben dazugehöre. Manche Menschen haben sogar behauptet, es sei *von Gott gewollt*.

All diese Vorstellungen haben die gegenwärtige menschliche Erfahrung geprägt. Die ältere Generation erschafft mit diesem Denken jeden Tag aufs Neue ihre – und damit auch deine – Realität.
Es *gibt* einen Weg, miteinander klarzukommen und sich zu respektieren und sogar zu lieben, aber um diesen Weg gehen zu können, ist es notwendig, bestimmte Vorstellungen und Überzeugungen aufzugeben. Deine Vorfahren waren bislang nicht bereit, dies zu tun.
Verlier nie die Hoffnung, und hör nie auf, die Welt verändern zu wollen, es sei denn, sie gefällt dir so, wie sie ist. Es gibt nur einen Grund, die Welt zu verändern – und zwar um klar und deutlich zu machen, Wer Du Bist.
Dies ist der wahre Grund allen Lebens.

Was ist der Sinn des Lebens? Ich verstehe das alles nicht. Worauf willst du hinaus? Warum gibt es Leben, und warum ist es so, wie es ist? Welche Bedeutung hat mein Leben?

Adria, 18 Jahre

DAS LEBEN EXISTIERT, damit Alles Was Ist (was viele Menschen als Gott bezeichnen) sich selbst erfahren kann.
Anders ausgedrückt: Das Leben ist Gott, der sich dadurch selbst erfährt.

Wenn das Leben, so wie wir es auf diesem Planeten führen – mit der ganzen Gewalt, dem ganzen Leiden und all der Selbstsucht –, Gott sein soll, der »sich selbst erfährt«, dann möchte ich mit Gott nichts zu tun haben.

DAS KANN ICH nachvollziehen, denn im Moment siehst du noch nicht das Geschenk.

Welches Geschenk?

Das Geschenk, das ich der Menschheit gegeben habe.

Du nennst das Leben, so wie es jetzt ist, ein Geschenk?

Ja, weil sich das Leben für dich genau so gestaltet, wie du es haben willst. Du bestimmst in jedem Moment, wie es aussieht.

Die meisten von uns wissen das aber nicht. Mir ist niemand bekannt, der das Leben auf diese Weise betrachtet.

Das Leben sieht für die meisten jungen Menschen deshalb anders aus, als sie es gerne haben möchten, weil sie nicht zu den Mächtigen gehören. Und die Welt wird gegenwärtig nun mal von den mächtigsten Menschen geprägt, die zum Großteil Mitglieder der älteren Generation sind. Allerdings ist es nur ein kleiner Bruchteil dieser Generation, der über das Leben auf eurem Planeten bestimmt.

Ja, ich weiß. Das ist ja das Problem.

Wenn ihr als Menschheit entscheidet, dass es nicht länger so sein soll, wird es nicht länger so sein.

In Ordnung, Kinder an die Macht!

So einfach ist es nicht. Junge Menschen werden nicht die Macht übernehmen, und in Wirklichkeit wollt ihr sie ja auch gar nicht haben. Eine Welt, so wie ihr sie euch

wünscht, kommt nur durch die vereinte Weisheit aller Alterstufen zustande. Es wird eine Welt sein, die im Gleichgewicht ist, in der es verschiedene Sichtweisen gibt und in der Menschen unterschiedliche Erfahrungen machen können. Jeder hat die Möglichkeit, sich aus seinem individuellen Bereich heraus zu entwickeln und allgemeine Anerkennung zu finden.
Junge Menschen werden also nicht die Verantwortung für die Welt übernehmen. In Zukunft werden alle Menschen jedoch mehr Mitspracherecht an der eigenen Lebensgestaltung haben, wenn ihr dies wollt.

Natürlich wollen wir das.

SICHER. EINE KLEINE Minderheit kann nur deswegen die Mehrheit kontrollieren, weil diese Mehrheit es ihnen erlaubt.

Aber wie lässt sich das verhindern, wenn eine Minderheit die ganze Macht besitzt? Du hast eben selbst gesagt, dass sie die Macht dazu hat.

MACHT IST ETWAS, das verliehen wird. Man kann sie sich nicht einfach so nehmen. Sie wird einem gegeben. Menschen übertragen Macht auf andere, weil sie sich selbst für machtlos halten. Die Ironie liegt darin, dass sie machtlos sind, weil sie ihre Macht abgegeben haben. In Wirklichkeit haben sie so viel Macht, wie sie wollen. Sie wollen sie einfach nur nicht.

Junge Menschen haben also so viel Macht, wie sie wollen. Sie wollen sie nur nicht, stimmt's?

JA, DAS STIMMT. Denk einen Moment darüber nach. Die Macht, die deine Eltern über dich haben, haben sie von dir erhalten. Wenn du sie ihnen nicht geben würdest, hätten sie keine. Wenn du das, was sie dir auftragen, nicht auch selbst tun willst, wären sie vollkommen hilflos.
Der Grund, warum Jugendliche ihren Eltern Macht geben, liegt darin, dass die Eltern etwas haben, was die Kinder wollen. Dies kann alles sein, von Liebe bis zum Dach über dem Kopf, von Essen und Kleidung bis hin zu Geld, mit dem sie sich das kaufen können, was sie wollen, oder ein Auto, das die Eltern finanzieren.
Sobald du das, was deine Eltern haben, nicht länger brauchst oder haben willst, verlieren deine Eltern die Kontrolle über dich. In der Zwischenzeit verhältst du dich so, dass du das bekommst, was du willst (und gehorchst zu diesem Zweck zum Beispiel deinen Eltern). Auf diese Weise übst du Macht aus.

Das Ganze klingt für mich wie Manipulation.

DAS IST ES auch, wenn es auf unehrliche Weise geschieht. Wenn es jedoch offen und ehrlich abläuft, sodass beide Seiten sich verstehen und akzeptieren, ist es keine Manipulation. Dann habt ihr das gleiche Anliegen und gegenseitige Abmachungen, und dagegen ist nichts einzuwenden.
Allem Anschein nach bist du also derjenige, der die Macht hat.

Ich habe es noch nie auf diese Weise betrachtet.

DESWEGEN HAST DU dir ja dieses Buch in die Hände gespielt. Du bist bereit, die Dinge so zu sehen, wie sie sind.

Das Gespräch, das wir hier führen, wird dir neue Einsichten schenken und viele Geheimnisse offenbaren.

Du meinst also, die unterdrückten Menschen sind gar nicht unterdrückt, sondern in Wahrheit »mächtig«?

Ich sage nur, dass sie zu einem bestimmten Zeitpunkt etwas haben wollten und dafür ihre Macht eingetauscht haben.
Vielleicht haben sie geglaubt, dass die Menschen, von denen sie nun unterdrückt werden, ihnen Sicherheit geben oder ein besseres Leben ermöglichen würden, und deshalb hat ein Großteil der »unterdrückten« Menschen weggeschaut. Vielleicht waren sie der Annahme, dass sie – wenn sie nicht wegschauten, sondern sich beschwerten und revoltierten – getötet werden würden. Da sie aber leben »wollten«, egal unter welchen Umständen, haben sie *das bekommen, was sie wollten.*
In Wirklichkeit also sind sie sehr mächtig. Wahre Macht bedeutet, dass man das bekommt, was man will.

Ich verstehe. Wenn die Alternative Tod bedeutet, bekommt man das, was man »will«, indem man nicht aufmuckt. Ja, das stimmt. Oh, Mann – du hast eine ziemlich ungewöhnliche Sichtweise der Dinge!

Warte einen Moment! Es gibt auch Menschen, die diese Alternative gewählt haben. Tapfere Menschen aller Nationen und Zeiten haben sich anders entschieden. Aus diesem Grund haben die Menschen immer jene gewürdigt, die für die Freiheit von anderen gekämpft haben und dabei ihr Leben ließen.

Die Menschen, die die Vereinigten Staaten von Amerika geschaffen haben und sich von der als Tyrannei empfundenen Abhängigkeit von Großbritannien befreiten, riskierten dabei alles, nicht wahr?
Die Unterzeichner der Unabhängigkeitserklärung erklärten, dass sie für die Freiheit »ihr Leben, ihr Schicksal und ihre heilige Ehre« in die Waagschale werfen würden. Und sie taten es tatsächlich.
Die Gründerväter von Amerika sprachen Worte wie: »Gebt mir Freiheit oder gebt mir den Tod.« Und *sie wussten, was sie sagten.*
Gegen solch einen Mut haben Unterdrücker keine Chance. In den Augenblicken derartiger Erklärungen wird deutlich, was wahre Macht in Wirklichkeit ist – und *wer sie immer schon besessen hat.*
Die gesamte menschliche Geschichte stellt diese Sichtweise unter Beweis. Sobald diejenigen, die unterdrückt waren, erkannten, dass sie *kein* besseres Leben führten, sondern ihr Leben nicht mehr lebenswert war, nahmen sie ihre Macht zurück und setzten ihre Regierungen ab.
Genau dies geschah nicht nur in den alten britischen Kolonien, aus denen die Vereinigten Staaten hervorgingen, sondern überall auf der Welt. Jüngste Beispiele dafür sind die Sowjetunion, das frühere Jugoslawien und Südafrika, um nur einige wenige zu nennen.
Immer wenn Menschen sagen: »Bis hierhin und nicht weiter«, hört die Unterdrückung auf. Wo Menschen noch keinen gemeinsamen Willen entwickelt haben oder noch nicht über die Kraft verfügen, ihn umzusetzen, geht die Unterdrückung weiter.
Das Gleiche trifft auch auf dich und dein Leben zu. Sobald du das, wofür du deine Macht hergegeben hast, nicht mehr

haben willst, holst du dir deine Macht zurück und ermöglichst dir mit ihr das, was du möchtest.
Was du dir zurückgeholt hast, ist die aus sich heraus existierende Macht, mit der du geboren worden bist. Sie nennt sich Ursprüngliche Macht und ist der Kern von dem Was Du Wirklich Bist.
Dies habe ich gemeint, als ich von einem Geschenk sprach.

»Ursprüngliche Macht«, nicht?

JA.

Hat jeder diese Macht?

JA.

Sogar Neugeborene?

JA, SIE WISSEN es nur nicht, denn sie erinnern sich nicht daran. Die meisten Menschen erinnern sich nicht, selbst wenn sie älter werden. Die meisten Erwachsenen haben schließlich alle Erinnerung verloren. Sie leben in einem Zustand, der als »Amnesie« bezeichnet werden kann. In diesem Zustand der Bewusstlosigkeit haben sie vergessen, dass sie diese Ursprüngliche Macht besitzen.

Worin besteht diese Macht, und wie können wir sie nutzen?

ES HANDELT SICH um die Macht Gottes. Es ist MEINE Macht. Sie besagt, Wer Und Was Ich Bin. Hat man dir nicht beigebracht, dass du nach dem »Ebenbilde Gottes« erschaffen worden bist?

Ja, ich habe davon gehört.

DENNOCH WISSEN DIE meisten von euch nicht, was das bedeutet. Ihr glaubt, ihr wurdet mit der Erbsünde geboren, und haltet an dieser Überzeugung fest. Ich sage euch jetzt, dass ihr mit Ursprünglicher Macht geboren worden seid.

Wie können wir sie einsetzen? Du hast meine Frage von vorhin noch nicht beantwortet. Was können wir mit ihr tun?

ERSCHAFFEN.

Erschaffen?

ERSCHAFFEN. URSPRÜNGLICHE MACHT hat die Kraft zu erschaffen.

Was zu erschaffen?

ALLES, WAS DU willst. Was auch immer dir gefällt.

Klingt gut.

UND DIESE MACHT ist nicht nur etwas, was du hast, sondern Was Du Bist. Du hast nicht nur die Macht zu erschaffen, du bist diese Macht. Und wenn du das weißt und fühlst, verändert sich dein ganzes Leben.

5

Über den Zustand der Welt

Wenn wir alle über diese Ursprüngliche Macht verfügen – wie funktioniert sie? Und warum wird sie nicht von mehr Menschen benutzt?

ICH MÖCHTE ZUERST die zweite Frage beantworten. Die meisten Menschen benutzen sie deshalb nicht, weil sie nicht wissen, dass sie eine Ursprüngliche Macht haben. Sie halten sich selbst für machtlos, und was sie glauben, wird zu ihrer Erfahrung.
Und dies beantwortet auch die erste Frage: »Was sie glauben, wird zu ihrer Erfahrung« – *so einfach funktioniert die Ursprüngliche Macht.*

Wir erfahren also immer das, was wir glauben?

JA, DAS STIMMT.

Das glaube ich nicht.

WESHALB DU ES auch niemals erfahren wirst. Leider haben fast alle Menschen diese Einstellung. Sie verleugnen ihre eigene Macht. Sie glauben nicht, dass sie diese Macht besitzen, und deshalb ist die Welt so, wie sie ist.

Da wir gerade von der Welt sprechen. Wir haben viele Fragen über die Welt und wie sie ist. Können wir nun mit diesen Fragen anfangen?

NATÜRLICH.

Gut, dann wollen wir mal loslegen. Müssen die Fragen eine bestimmte Reihenfolge haben?

NEIN.

Warum wird nicht jeder mit der gleichen Intelligenz geboren?

Danny

DANNY, ICH MÖCHTE dir ein großes Geheimnis anvertrauen. Jeder WIRD mit der gleichen Intelligenz geboren. Alle, die ein körperliches Leben beginnen, wissen das, was sie wissen müssen, um das tun zu können, weswegen sie hierher gekommen sind. Aber nicht alle haben die gleichen Aufgaben. Jede Seele hat sich verkörpert, um etwas Unterschiedliches zu tun. Nicht jeder ist in jedem Unterrichtsfach gleich gut, weil die Talente unterschiedlich sind.
Alle sind mit den gleichen Möglichkeiten ausgestattet, sie selbst zu sein. Daher braucht auch niemand etwas zu lernen. Du musst dich nur an das erinnern, was du schon immer weißt.
Niemand muss einem Baby beibringen zu vertrauen, oder ein Kind lehren, wie es liebt. Eure Neugeborenen verfügen auf natürliche Weise über diese Fähigkeiten. *Sie bringen dieses Verstehen mit.*
Im Leben geht es nicht ums Entdecken, sondern ums Er-

schaffen. Du lernst nicht Wer Du Bist, sondern du erschaffst aufs Neue Wer Du Bist, indem du dich daran erinnerst, was du immer schon weißt, und dich entscheidest, welchen Teil deines Selbst du erfahren willst.

Warum gibt es so viel Hass auf der Welt?

Danny, 19, aus Miami, Florida

Die Menschen hassen sich, weil sie eine falsche Vorstellung voneinander haben. Sie haben auch eine falsche Vorstellung über das Leben.
Aus diesen Vorstellungen werden schließlich »Glaubenssätze«, und diese sind sehr mächtig. Was du glaubst, Danny, wird zu deiner Erfahrung.

Warum?

Weil die Macht, die ich dir geschenkt habe, auf diese Weise funktioniert. Es ist die Macht, etwas zu erschaffen. Du bist mit dieser Ursprünglichen Macht geboren und BIST diese Macht.
Diese Macht, etwas zu erschaffen, wirkt in dir auf dreierlei Weise:
In deinen Gedanken
In deinen Worten
In deinem Handeln

Und »Glaubenssätze« sind Gedanken?

Ja, und sie haben die Macht, etwas zu erschaffen. Du wirst zu dem, was du denkst und sagst und tust.
Und aus diesem Grund ist die Welt das, was sie ist.

Heißt das, dass wir die Welt so haben wollen, wie sie ist? Das kann doch gar nicht sein. Ich kenne niemanden, der die Welt so haben will, wie sie ist.

Der Zustand der Welt entspringt dem größeren Glaubenssystem der Menschen, die auf deinem Planeten das Sagen haben, nicht deinen individuellen Vorstellungen oder denen deiner Freunde oder Freundinnen.

Was meinst du damit?

Wie ich bereits sagte, lebt ihr auf der Erde ein Leben, das dem Glaubenssystem der meisten Menschen entspricht. Das Leben muss nicht so sein, wie es gegenwärtig ist, aber sie glauben, dass es so und nicht anders aussehen müsse. Das Glaubenssystem der Menschheit beruht auf einem Verständnis der Welt, das in Wirklichkeit ein völliges *Miss*verständnis ist.
Wenn sich diese Glaubenssysteme verändern, verändert sich auch die Welt.

Warum haben so viele Menschen nichts – keine Nahrung, keine Kleidung, kein Zuhause? Warum bringst du Menschen in so eine Situation?

Zoar

Dies ist ein gutes Beispiel für das, was ich euch gerade erklären will. Ich bringe niemanden in solch eine Situation, Zoar. Menschen tun es. Sie tun es, weil sie glauben, dass nicht genug für alle da ist.
Die Menschen glauben, dass es nicht genug Geld gibt, nicht genug Nahrung, nicht genug zum Anziehen und nicht ge-

nügend Wohnraum. Grundsätzlich glauben sie, dass von dem, was man zum Leben braucht, nicht genug da ist, damit jeder sein Auskommen haben und glücklich sein kann.

Weil die Menschen dies glauben, denken sie, *sie müssten miteinander konkurrieren,* um das zu bekommen, was nicht ausreichend für alle vorhanden ist.

Die Illusion des Mangels ist eine grundlegende Illusion der Menschen. So viele eurer Entscheidungen und Handlungen basieren auf dieser Illusion.

Wenn du wirklich glaubst, dass es »nicht genug« von dem gibt, was du zum Überleben brauchst (oder um glücklich zu sein), dann kämpfst du gnadenlos, um so viel wie möglich für dich zu bekommen. Die Menschheit tut dies mittlerweile schon seit Tausenden von Jahren.

Ihr seht alles aus dem Blickwinkel der Konkurrenz. Eure Wirtschaft basiert auf Konkurrenz, und die Sieger bekommen das meiste Geld. Eure Politik basiert auf Konkurrenz, und die Gewinner erhalten die meiste Macht. Eure Religionen stehen in Konkurrenz miteinander, und wer gewinnt, wird im Himmel reich beschenkt.

Nicht wenige Menschen glauben sogar, dass im Himmel nicht genug Platz für alle ist, und sie konkurrieren mit anderen um den Einlass.

In Anbetracht der Tatsache, dass genug für alle da ist, ist dies alles völlig verrückt. Aber die meisten Menschen wissen es nicht, und so konkurrieren sie immer weiter. Sie töten sich sogar gegenseitig, um *das zu bekommen, was nicht ausreichend für alle vorhanden sein soll.*

Damit alle Menschen genügend Nahrung, Kleidung und Schutz haben, müssen die Menschen anfangen, miteinander zu teilen, Zoar. Wenn sie das täten, würden sie fest-

stellen, dass es mehr als genug gibt, sodass jeder ein glückliches Leben führen kann.
Du kannst dazu beitragen, dass die Menschen diese Zusammenhänge besser verstehen. Indem du diese Illusion durchschaust und die Vorstellung des Mangels nicht übernimmst, kannst du allen in deiner unmittelbaren Umgebung zeigen, dass genug für alle da ist.
Ihr müsst einfach nur miteinander teilen, und zwar alles. Gib mehr, als du glaubst geben zu können, und du wirst sehen, dass für alle Menschen immer ausreichend vorhanden ist.

Wie geht es dir beim Anblick deiner Kinder, die herumhängen und alles zerstören (oder als selbstverständlich betrachten), was du uns gegeben hast?

Ariel

Wenn ich bestimmte Erwartungen hätte, wäre es in der Tat deprimierend, aber ich habe keine festen Erwartungen an das Abenteuer, in dem wir uns zusammen befinden. Es gibt keine bestimmte »Richtung«, in die die Reise gehen »muss«.
Wenn ich wollte, dass die Dinge in einer bestimmten Art und Weise geschehen – glaubst du, ich hätte dann nicht die Mittel dafür? Was wäre ich für ein Gott, wenn ich sie nicht hätte?
Ich habe das Leben nicht nach einem festen Plan erschaffen. Du hast die Freiheit, dieses Leben mitzugestalten. Auf diese Art und Weise GESCHIEHT MEIN WILLE, denn ich möchte, dass du entscheidest, wer und was du bist und wer und was du sein willst – sowohl als Einzelner als auch im Rahmen der Gesellschaft.

Ich beobachte, dass viele Menschen »herumhängen« und vieles von dem, was sie haben, »zerstören« (oder als selbstverständlich betrachten). Diese Haltung ist ihnen nicht dienlich, denn sie ermöglicht es ihnen nicht, das zu erleben, was sie gerne erleben würden.
Sie sagen, sie wollen nach Seattle, fahren aber nach San Jose. Sie wünschen sich eine Welt voller Frieden, Harmonie und Liebe und sehnen sich danach, dass ihr Leben mit Freude, Glück und Überfluss gesegnet ist, aber was sie tatsächlich tun, arbeitet gegen Frieden, Harmonie und Liebe und macht es dadurch buchstäblich unmöglich, Freude, Glück und Überfluss zu erfahren.
Interessanterweise geschieht dies nicht, weil sie nicht wissen, wie sie es anstellen sollen. Die Menschen besitzen die Macht, sich ein Leben zu schaffen, das ihren kühnsten Träumen entspricht. Aber sie entscheiden sich ganz einfach dafür, diese Macht nicht zu benutzen.

Warum?

Weil sie nicht glauben, dass diese Macht tatsächlich wirkt, oder weil sie sich nicht daran erinnern, dass sie diese Macht besitzen, oder – wie bereits erwähnt – weil sie darauf bedacht sind, die Dinge mehr oder weniger beim Alten zu belassen.

Ich verstehe das immer noch nicht so ganz. Wer hat ein Interesse daran, dass die Dinge so bleiben, wie sie sind?

Alle Menschen, die glauben, dass der Lebensstil, der zurzeit auf eurem Planeten vorherrscht, die einzige Möglichkeit ist, um zu überleben. Alle Menschen, deren grundlegende Vorstellungen über das Leben auf den Missverständnissen beruhen, die ich weiter oben ausgeführt habe.

Kannst du mir noch ein Beispiel geben?

NUN GUT, ZUSÄTZLICH zur Illusion des Mangels, über die wir gerade gesprochen haben, gibt es die Illusion der Spaltung.

Die meisten Menschen glauben, dass sie voneinander getrennt sind und nicht Teile eines Ganzen verkörpern. Sie glauben, sie sind von ihrer Umwelt getrennt und stellen keine Teile eines übergeordneten Systems dar. Und sie glauben, dass sie von Gott getrennt und nicht Teile des Einen Seins sind.

Dieser Glaube an die Spaltung tötet sie – und dich.

Wo wir gerade davon sprechen, wann wird die Welt aufhören zu existieren?

Leonte aus Miami, Florida

DAS PROBLEM LIEGT nicht darin, dass die Welt zu existieren aufhört, sondern dass sie für die Menschheit unbewohnbar wird. Aber das, Leonte, ist eine andere Sache.

Wenn alles so weiterläuft wie bisher, dann wird die Welt, »so wie du sie kennst«, noch während deiner Generation zerstört. Die Erde als solche wird allerdings weiterhin bestehen bleiben.

Es gibt keinen Grund, warum sie nicht noch Millionen von Jahren existieren sollte. Sie besteht schon sehr lange und wird sicher mindestens noch mal so lange bestehen.

Die Frage lautet also nicht, wie lange die Erde existieren wird, sondern wie lange sie für Wesen wie euch bewohn-

bar bleibt. Das ist die entscheidende Frage, und nur ihr könnt sie beantworten.
Ihr müsst diese Entscheidung jetzt treffen. Ihr trefft bereits jeden Tag eine Entscheidung durch euer Handeln.
Viele von euch tun so, als sei ihnen die gegenwärtige Situation nicht bewusst, oder sie glauben, dem Prozess der Degeneration und des Verfalls, den eure Handlungen in Gang gesetzt haben, irgendwie ausweichen zu können.
Dies sind alles Illusionen, aber vielleicht möchtest du herausfinden, was geschieht, wenn du sie durchschaust und dabei hilfst, eine neue Kultur aufzubauen.

Warum hat die Welt so sehr ihre Orientierung verloren? Sind junge Menschen die einzigen, die wissen, was wirklich wichtig ist, und dass es nicht darauf ankommt, »Geld zu machen« oder »an die Spitze zu kommen« oder »berühmt zu werden« oder was auch immer?

Neil, 16, aus West Allis, Wisconsin

Manchmal scheint es in der Tat so zu sein, dass junge Menschen mehr Gefühl dafür haben, was im Leben wirklich wichtig ist – und zwar bezogen darauf, wie der größte Teil der Menschheit sich das Leben vorstellt.
Ältere Menschen sagen oft das eine und tun das andere. Sie sagen zum Beispiel, sie möchten ein langes gesundes und glückliches Leben führen, aber gleichzeitig rauchen und trinken sie und setzen sich einem unglaublichen Stress aus, um Dinge zu bekommen und anzuhäufen, die für jüngere Menschen keine Bedeutung haben.
Wer immer der Erste und Beste sein will oder auch einfach nur im Strom mitschwimmt, handelt auf Grund von Angst. Junge Menschen haben in der Regel nicht so viel

Angst. Sie entsteht aus dem Glauben, dass es nicht genug gibt, wie ich weiter oben schon dargelegt habe.
Diese Angst durchdringt das Leben so stark, dass sie zum festen Bestandteil der menschlichen Erfahrung wird. Mit anderen Worten, die Angst ist nicht einfach nur ein »Gedanke«, den die Menschen haben. Sie ist vielmehr ihre grundlegende Realität.
Diese »Realität« bestätigt dann den ursprünglichen Gedanken, wodurch ein Teufelskreis entsteht. Gedanken gehen der Realität voraus und erschaffen sie. Die Realität spiegelt Gedanken wider und bestärkt sie dadurch. Das Denken erzeugt auf diese Weise mehr Realität, die mehr Denken erzeugt, das wiederum mehr Realität erschafft und so weiter. Sehr schnell wird das Ganze zu einer scheinbar unentrinnbaren Illusion, und du lebst wie Alice im Wunderland, wo jeder schwört, dass das, was real ist, NICHT real ist, und das, was NICHT real ist, real.
Es ist nicht *real*, dass »Ruhm und Erfolg« die Voraussetzung für ein glückliches Leben sind. Viele Erwachsene sagen, dass ihnen dies klar ist – aber dann machen sie weiter, als ob es doch der Wahrheit entspräche. Sie sagen das eine und tun das andere.
Ihr jungen Erwachsenen seid noch frei davon. Ihr kennt die Wahrheit, und euch geht es nicht nur um Geld und materiellen Erfolg. Ihr habt keine Sehnsucht danach, auf der Leiter gesellschaftlicher Anerkennung emporzusteigen.

Mein Vater meint immer: »Warte nur ein paar Jahre. Es ist leicht, jetzt große Sprüche zu klopfen, aber warte nur, bis du auf eigenen Beinen stehen musst und vielleicht sogar noch Frau und Kinder hast. Was glaubst du, wie ich es geschafft habe, dir ein Dach über dem Kopf zu geben und dich mit den Klamotten, die du anhast, einzukleiden? Es ist an der Zeit, dass du aufwachst, mein Sohn.«

Es gibt so etwas wie Eigenverantwortung, und davon spricht dein Vater. Er will nur, dass du im Leben glücklich bist und es schaffst, für dich selbst und für die, die du liebst, zu sorgen. Seine Motive sind ehrlich und real, und sie sind Ausdruck seiner Liebe.
Dennoch gibt es nicht nur einen Weg zum Glücklichsein. Es gibt viele Möglichkeiten, um für dich selbst und deine Lieben zu sorgen.
Die Menschen stellen sich diesen Herausforderungen immer noch in einer Weise, wie sie es schon seit Tausenden von Jahren tun. Ihr Verhalten ist geprägt von den Informationen, die sie gegenwärtig über das Leben haben. Neue Daten könnten sich hier als dienlich erweisen.
Neue Daten über die Realität und über das, was *wirklich* »real« ist. Neue Informationen über das Leben und wie eure Realität wirklich erschaffen wird. Neues Wissen über dich und wer du wirklich bist.
Das ist der Grund, warum wir dieses Gespräch führen. Junge Menschen stehen heute unter einem stärkeren Druck als jemals zuvor, sich in einer bestimmten Weise zu verhalten. Ihnen stehen dabei zwei Datenmengen zur Verfügung – die eine besteht in den Informationen, die ihnen die ältere Generation gibt, und die andere existiert in ihren Herzen.

Ja, das stimmt! Das stimmt wirklich! Du hast es genau auf den Punkt gebracht.

6

Der Druck, der auf Jugendlichen lastet

Warum existiert überall so viel Druck – von Seiten der Eltern, der Schule, der Gesellschaft?

Ein 15-jähriger Junge aus Oregon

DRUCK UND ANSPANNUNG gehören zum Leben, aber im jugendlichen Alter spürt man beides wahrscheinlich stärker als später im Leben.

Es wird immer Menschen geben, die etwas von dir wollen. Wenn sie mehr von dir wollen, als du zu geben bereit bist, oder sie es schneller verlangen, als du es tun kannst, fühlst du dich unter Druck.

Sogar wenn du das, was andere von dir wollen, *selbst* willst, spürst du möglicherweise den Druck, dein Wort zu halten und das zu tun, was du versprochen hast.

Druck ist also ein fester Bestandteil deines Lebens. Er kann aber auch nützlich sein und muss dich nicht weiter stören. Auch wenn du ihn spürst, muss er nicht negativ sein. Er kann auch positiv sein.

Ohne Druck würde kein Reifen funktionieren. Der Druck im Dampfkochtopf kocht das Essen.

Druck hat also auch seine positiven Seiten. Wenn du dem

Druck standhältst, kannst du bestimmte Dinge erreichen. Manchmal gelingen dir mit seiner »Hilfe« sogar großartige Sachen. Man nennt so etwas »positiven Stress«.
Das gesamte Universum steht in dieser Hinsicht unter Stress. Das eine zieht ständig das andere nach sich. Aus diesem Prozess entsteht ein Gleichgewicht, das letztlich alles an seinem Platz hält.

Ich fühle mich nicht im Gleichgewicht. Ich habe das Gefühl, dass ich unter zu starkem Druck stehe.

DAS MIT DEM Druck ist eine heikle Sache. Zu viel bringt die Dinge ins Ungleichgewicht. Sie sind dann nicht mehr an ihrem Platz.
Diese Art von Druck macht dir Sorgen. Sie kommt von den Eltern und zeigt sich in der Schule.
Die Ursache für diesen Druck liegt oft in den widersprüchlichen Datenmengen, die junge Menschen verarbeiten müssen. Ihr Herz erzählt ihnen bestimmte Dinge über das Leben, und die Welt da draußen erzählt etwas ganz anderes.

Das stimmt. Aber wie gehe ich damit um? Wie kann ich meine Eltern und meine Lehrer dazu bringen, mich in Ruhe zu lassen?

DIE ANNAHME, DASS deine Sichtweise »richtig« ist und der Standpunkt deiner Eltern und Lehrer »falsch«, bringt uns an dieser Stelle nicht weiter.
Später werden wir uns noch ausführlich mit der Vorstellung von »richtig« und »falsch« auseinander setzen und erkennen, dass diese beiden Gegensätze in Wirklichkeit gar

nicht existieren. Im Moment ist es sicherlich hilfreich, davon auszugehen, dass das, was ihr kollektiv in eurer Welt erschafft, irgendwo zwischen diesen beiden Polen liegt. Mit anderen Worten, deine Sicht ist nicht nur »richtig«, und die Sicht der älteren Erwachsenen ist nicht nur »falsch«.

Mach deinen Eltern klar, was für dich im Leben wichtig ist und warum du bestimmte Prioritäten setzt. Bitte sie dann, dir zu erklären, was für sie wichtig ist (auch wenn du es schon hundertmal vorher gehört hast). Schau, ob sich beide Standpunkte irgendwo treffen.

Und wenn sie es nicht tun?

DANN FÄNGST DU vielleicht an zu glauben, deine Eltern würden dich unter Druck setzen, obwohl dies objektiv nicht der Fall sein muss. Es kann den Anschein haben, als ob ihr – du und deine Eltern – völlig verschiedene Interessen habt. Von meiner Warte aus stimmt das nicht, aber ich kann nachvollziehen, dass es aus deinem Blickwinkel heraus auf dich so wirken muss. Du hast also das Gefühl, von Seiten deiner Eltern und deiner Lehrer ziemlichem Druck ausgesetzt zu sein.

Der Druck kommt von allen Seiten, das kannst du mir glauben. Ein Großteil kommt sogar von meinen eigenen Freunden. Manchmal möchten sie, dass ich etwas Bestimmtes tue oder mich auf eine Weise verhalte, die nicht zu mir passt. Ich weiß eigentlich nie genau, was ich tun soll. Wenn ich mir selbst treu bleibe, entfremde ich mich von der Gruppe, und wenn ich zur Gruppe halte, verleugne ich mich selbst.

Vergiss nie, was ich dir jetzt sagen werde. Es gehört zu den wichtigsten Dingen, die du jemals hören wirst:
Wenn du dich selbst betrügst, nur um andere nicht zu betrügen, so bleibt es trotzdem Betrug. Es ist sogar der größte Betrug.
Wenn du versuchst, andere nicht zu betrügen, aber dich selbst dabei betrügst, bist du trotzdem mit dem Betrügen beschäftigt. Es geht dann bloß noch darum, *wen* du betrügst, und nicht, *ob* du betrügst.
Und wenn du dich selbst betrügst, betrügst du auch andere, denn die Person, von der sie glauben, dass du sie seiest, hat mit dir in Wahrheit nicht viel zu tun. Sie ist eine Illusion. Du hast dich *und* andere betrogen.
Betrüge dich daher niemals selbst. Denk an Shakespeares Worte, die er in *Hamlet* Polonius zu seinem Sohn Laertes sprechen lässt:
»Dies über alles: sei dir selber treu,
Und daraus folgt, so wie die Nacht dem Tage,
Du kannst nicht falsch sein gegen irgendwen.«
Mach dir keine Sorgen um »die Gruppe«. Die Gruppe ist nicht von Dauer. Eines Tages wird sie einfach verschwunden sein. Nur *du* bleibst immer da. Zusammen mit deinem Selbst wirst du bis ans Ende der Zeiten existieren.

Heißt das, ich soll nur das tun, was ich tun will?

Dir sollte bewusster sein, *warum* du etwas tust. Wenn du etwas Bestimmtes tun willst, nur um damit eine andere Person oder eine Gruppe zufrieden zu stellen, obwohl du eigentlich keine Lust dazu hast – dann lass es lieber bleiben.
Wenn du es anderen auf Kosten deiner eigenen Integrität

Recht machen willst, hat letztlich niemand etwas davon. Denn selbst eine andere Person würde – wenn sie dich wirklich liebt – niemals etwas von dir wollen, das du nur tun würdest, um *ihr* einen Gefallen zu tun.
Wenn sie wüsste, dass du etwas gegen deinen Willen tust, nur um sie zufrieden zu stellen, hätte dein Handeln genau den gegenteiligen Effekt. Es würde sie *nicht* zufrieden stellen, sondern ihr ein ungutes Gefühl geben.

Wie kann ich am besten mit all dem Druck fertig werden, dem ich ausgesetzt bin?

Lerne den Unterschied zwischen »gutem« und »schlechtem« Druck zu »fühlen«, zwischen nützlicher und nutzloser Anspannung.
Sinnvolle Anspannung bestärkt deinen Willen, etwas zu sein, zu tun oder zu haben, je nachdem wie du dich entscheidest.
Nutzlose Anspannung besteht in der Angst, die durch dein Bedürfnis entsteht, von anderen anerkannt und bestätigt zu werden.
Tue niemals etwas, nur um anderen zu gefallen.

Das ist eine ziemlich radikale Aussage!

Sie klingt radikaler, als sie in Wirklichkeit ist. Es wird oft Gelegenheiten geben, in denen es dir Spaß macht, andere zufrieden zu stellen. Wenn dies der Fall ist, solltest du es natürlich tun. Nur wenn es dir nicht gefällt, es anderen recht zu machen, solltest du es auch nicht tun.
Andere zufrieden zu stellen macht immer dann Freude, wenn du mit dem anderen Menschen gemeinsame Interes-

sen hast. Mit anderen Worten: wenn ihr beide das Gleiche wollt. Der Trick besteht darin, genau hinzuschauen, was eine andere Person von dir will und was du selbst willst, um dann beide Positionen gegeneinander abzuwägen. Wenn du genau untersuchst, was ihr eigentlich wollt, wird sich oft herausstellen, dass ihr beide die gleichen Wünsche habt. Sobald ihr die Bereiche ausfindig macht, in denen ihr gemeinsame Interessen habt, hört der negative Druck auf. Wenn ihr eine gemeinsame Grundlage findet, gibt es keinen Grund mehr, wütend zu sein.

Denk immer daran: *Wenn ihr eine gemeinsame Grundlage findet, gibt es keinen Grund mehr, wütend zu sein.*

Plötzlich bemerkst du, dass du nicht länger etwas tust, nur weil andere dies von dir wollen, sondern weil *du* es willst, weil es *dir* zugute kommt.

Kannst du mir ein Beispiel nennen?

NATÜRLICH. NEHMEN WIR an, deine Mutter bittet dich, auf deinen kleinen Bruder aufzupassen.

Urrgh.

JA, GENAU. DU fühlst dich so, weil du es nicht tun willst.

Äh…

ABER WIE WÄRE es, wenn du einen Grund finden könntest, es gern zu tun?

Du meinst zum Beispiel, wenn ich dafür bezahlt werden würde?

Das wäre ein Grund, aber es gibt noch andere. Etwas kann sich auf vielerlei Weise bezahlt machen. Es lohnt sich, immer daran zu denken. – Vielleicht erinnerst du dich an diese Weisheit später in Gesprächen mit deinen Eltern oder mit anderen Menschen, wenn sie anfangen, mit dir über »Erfolg« zu diskutieren.
Aber ich will auf unser Beispiel zurückkommen. Angenommen, du versuchst deine Mutter davon zu überzeugen, dass du verantwortungsbewusst genug bist, um abends länger wegbleiben zu dürfen oder um dir im nächsten Sommer einen Job in der Stadt zu suchen.
Jetzt bist du an einem anderen Ausgangspunkt. Du sagst zu deiner Mutter: »Ich werde dir zeigen, wie gut ich das tun kann, denn ich möchte, dass du begreifst, dass ich andere Dinge genauso gut erledigen kann. Ich verdiene nicht nur das Vertrauen, auf meinen kleinen Bruder aufpassen zu können, sondern auch das Vertrauen, dass ich auf mich *selbst* aufpassen kann.«

Diesen Zusammenhang habe ich noch nie so gesehen. Kannst du nicht zu uns nach Hause kommen und meiner Mutter ein paar Zettel hinterlassen?

Das wäre bestimmt lustig. Aber weißt du, später werden wir uns noch eingehender darüber unterhalten, wie man am besten mit seinen Eltern redet. Ihnen kleine Zettel zu schreiben, auf denen du deine Gefühle ausdrückst, ist eine Möglichkeit.
Mich interessiert jetzt erst mal, ob du das Beispiel eben verstanden hast, denn sonst könnte ich dir noch andere nennen.

Ich glaube, ich habe begriffen, worauf du hinauswillst.

Fast alles, was du tust, tust du deshalb, weil es auf einer bestimmten Ebene deinem eigenen Interesse entspricht. Dein Handeln wird nicht nur von dem Interesse der Person bestimmt, die dich aufgefordert hat, etwas Bestimmtes zu tun.
Dein eigenes Interesse im Interesse anderer Menschen zu entdecken *ist ein Wunder, das alles verändert*. Es beseitigt jedes Gefühl von Druck und Ärger und ersetzt es mit einem Sinn für Freude in allem, was du tust.
Ein anderes Wort dafür ist Liebe.

7

Leb so, wie du es willst

Wird mein Leben vom Schicksal kontrolliert?

Patrick, 18

Ist unser Schicksal vorherbestimmt?

Mariana, 17, aus Florida

Nein, in keiner Weise. Du selbst, Patrick, hast die Kontrolle über dein Leben. Als ich die Frage zu Beginn dieses Buchs beantwortete, wo es darum ging, wer was tun oder sein wird, habe ich dies zum Ausdruck bringen wollen. Erinnerst du dich noch an die Frage? Hier ist sie noch einmal:

Wonach entscheidest du, wer Alanis Morissette oder Michael Jordan wird und wer ein gewöhnliches Leben führt?

Und hier ist die Antwort, die ich gab:
»Ich entscheide nicht, wer Alanis Morissette wird und wer ein normales Leben führt. Du triffst diese Entscheidung. Selbst in diesem Moment triffst du bestimmte Entscheidungen. Das Dumme ist nur, dass du dir darüber nicht bewusst bist.«

Die gleiche Frage haben viele von euch gestellt. Ein Junge hat sie so formuliert:

Wenn du Menschen erschaffst, nach welchen Kriterien verteilst du die Talente? Warum hast du Celine Dion eine großartige Stimme gegeben und sie nicht zur Goldmedaillengewinnerin im Eiskunstlaufen gemacht oder Ärztin werden lassen?

Paul

Hierbei handelt es sich um eines der wichtigsten Dinge, die ich euch mitteilen möchte, und daher wiederhole ich noch einmal, was ich gerade gesagt habe.
Ich treffe diese Entscheidungen nicht, Paul. Du triffst sie. Versuch dir das Ganze so vorzustellen: Du selbst erschaffst dich in jedem Moment neu. Du malst ein Bild von dir. Die Leinwand, auf der du malst, ist das Leben an sich. Die Fähigkeiten, Talente, Charaktereigenschaften, körperlichen Merkmale und äußeren Umstände sind die Farben, die dir zur Verfügung stehen. Ich stelle die Leinwand, und du entscheidest, welche Farben du benutzt.

Das kann nicht stimmen. Ich hätte mich dafür entschieden, eine Stimme wie Celine Dion zu haben. Wir *alle* würden uns so entscheiden! Oder dafür, ein so herausragender Baseballspieler zu sein wie Marc McGuire. Oder für schauspielerisches Talent oder für Führungsqualitäten oder die Fähigkeit, Bücher zu schreiben. Auf jeden Fall für etwas, das nicht so stinknormal ist.

Es gibt nichts, was »stinknormal« wäre. Es gibt nur Menschen, die sich so ein Leben aussuchen.

Jeder ist etwas Besonderes, *jeder* ist außergewöhnlich, *jeder* ist talentiert und besitzt Fähigkeiten und hat einzigartige Eigenschaften mit in dieses Leben gebracht.

Und die wären?

Du wirst geboren, weil du aus unterschiedlichen Gründen gewillt bist, dein Selbst auf eine bestimmte Art und Weise zu erfahren. Schon vor deiner Geburt bist du ein Bewusstsein und nimmst wahr, dass du existierst.
Nachdem du dich entschieden hast, wie du dein Leben führen möchtest, was du verstehen und erfahren willst, suchst du dir die dazugehörigen Personen, Orte und Umstände aus, mit deren Hilfe du das erreichen kannst, was du dir vorgenommen hast.

Du meinst, wir wählen uns unsere eigenen Eltern?

Ja. Und deine Eltern wählen dich. Auf einer sehr hohen Ebene ist dies eine gemeinsame Entscheidung. Alle Menschen kommen auf diese Weise zusammen.
Niemand trifft irgendwen durch Zufall.

Warum hätte ich mir Eltern ausgesucht, die mich misshandeln?

Jede Seele sucht sich die richtigen Menschen, Situationen und Ereignisse, um das zu verwirklichen, was die Seele erleben will. Im Einzelfall ist dies sehr unterschiedlich, und daher kann man nicht im Allgemeinen darüber sprechen.
Vielleicht möchte eine Seele die göttliche Eigenschaft er-

fahren, die als Vergebung bekannt ist. Oder vielleicht möchte sie Mitgefühl erwerben, sodass sie später im Leben anderen Menschen helfen kann, die ebenfalls misshandelt wurden.
Es gibt unzählige Gründe dafür, warum eine Seele eine bestimmte Situation oder eine bestimmte Person anzieht.

Es gibt also keine »zufälligen Begegnungen«?

NEIN, KEINE BEGEGNUNG ist zufällig. Kannst du dir vorstellen, dass ein Universum, das etwas so Kompliziertes und Einmaliges wie eine Schneeflocke hervorbringt, etwas entstehen lässt, das vom »Zufall« abhängig ist?

Ich dachte bislang, dass es im Universum ein »Zufallsprinzip« gibt.

DAS IST ABER nicht der Fall. Alles erscheint innerhalb einer vollkommenen Ordnung. Wenn es ein »Zufallsprinzip« gäbe, wären die Dinge nicht mehr steuerbar. Was für ein Gott würde es zulassen, dass die Dinge außer Kontrolle geraten?

Du kontrollierst und erschaffst also alles, was geschieht?

DAS HABE ICH nicht gesagt. Ich sagte, ich lasse nicht zu, dass Dinge *außer* Kontrolle geraten. Aber ich erschaffe nichts. Das tut ihr.

Könnte ich dann nicht etwas erschaffen, das außer Kontrolle geraten kann?

Wenn du etwas mit dieser Absicht erschaffst, dann gerät es dadurch *nicht* außer Kontrolle. Alles, was du mit fester Absicht erschaffst – und jede Schöpfung ist eine bewusste Handlung auf einer bestimmten Ebene des Bewusstseins –, kann die Dinge nicht »außer Kontrolle« geraten lassen.

Ich verstehe. Aber wie funktioniert noch mal dieser ganze Prozess des Erschaffens?

Die schöpferische Fähigkeit funktioniert auf drei verschiedenen Ebenen:
In deinen Gedanken
In deinen Worten
In deinen Handlungen
Jeder Gedanke, den du denkst, erschafft etwas. Jedes Wort, das du aussprichst, hat eine Wirkung. Jede Handlung, die du ausführst, erzeugt ein bestimmtes Ergebnis. Gedanken, Worte und Handlungen sind die Werkzeuge der Schöpfung, die ich dir gegeben habe. Und sie haben große Macht. Sie sind das, was ich weiter vorne als Ursprüngliche Macht beschrieben habe. Du bist nicht mit der »Erbsünde« geboren, sondern mit Ursprünglicher Macht.

Ich werde also so sein wie Alanis, indem ich mir vorstelle, dass ich sie bin und so rede und handle wie sie?

Nein. Wenn du dich so verhältst, wirst du einfach nur zu einer Kopie von Alanis, und zwar zu einer ziemlich schlechten, denn es gibt nur eine Alanis, genauso wie es dich kein zweites Mal gibt. Dennoch kannst du das anstreben, wofür Alanis in deinen Augen steht, und etwas Ähnliches aus dir hervorbringen.

Was verbindest du mit dieser jungen Frau? Schätzt du ihr Talent, ihre Stärke, ihr Selbstbewusstsein, ihre Ehrlichkeit, ihre Authentizität, ihren Mut, ihre Zielstrebigkeit, ihren Erfolg und ihr Glück? Welche erstrebenswerten Zustände drückt sie für dich durch ihre Lebensweise aus? Achte nicht so sehr darauf, was sie tut, schau dir an, was sie ist, denn was sie *ist,* bewirkt, was sie *tut,* und nicht umgekehrt. Da ist etwas in ihr, das es ihr ermöglicht hat, all das zu tun, was sie tut – und dieser innere Zustand existierte in ihr, *bevor sie das tat, was sie gegenwärtig tut.* Das Sein geht dem Handeln immer voraus. In Wirklichkeit *bewirkt* das Sein die Art des Handelns.

Und wie schaffe ich es, all dies zu »sein«?

Durch deine Gedanken, deine Worte und dein Handeln. Mit diesen Werkzeugen erzeugst du deine einzigartigen Seinszustände.
Wenn du sie bewusst und kontinuierlich einsetzt, kannst auch du talentiert, stark, selbstbewusst, ehrlich, authentisch, mutig, zielstrebig, erfolgreich und glücklich »sein«. Es kommt dann nicht mehr darauf an, *was* du tust, ob du Rockkonzerte gibst oder im Gemeinderat sitzt oder deine Kinder großziehst, denn du wirst erfolgreich und glücklich *sein,* weil du dich für diese Seinszustände und für alles, was zu ihnen beiträgt, entschieden hast. Du bringst sie bewusst mit jedem Gedanken, jedem Wort und jeder Handlung in dir und durch dich und als das, was du bist, zum Ausdruck.

Aber wie kann ich glücklich »sein«, bevor ich es wirklich bin? Wie kann ich erfolgreich »sein«, bevor ich wirklich

Erfolg habe? Wie kann ich talentiert, stark, selbstbewusst oder was auch immer »sein«, wenn ich es gegenwärtig *nicht* bin?

FANG AN ZU *denken, dass du es bist*. Fang an so zu *reden, als ob du es bist*. Fang an so zu *handeln, als ob du es bist*. Du musst nicht erst etwas »sein«, du kannst schon vorher so denken und reden und handeln, als ob du es bereits *bist*.

Dann bin ich es aber nicht wirklich. Ich glaube nur, dass ich es bin.

GENAU. HAST DU mitbekommen, was du gerade gesagt hast? Du »glaubst« nur. Und wenn du es schaffst, daran zu glauben, wird sich auch die entsprechende Erfahrung einstellen!
Viele Menschen haben gesagt: »Sehen ist glauben.« Ich sage: »Glauben ist sehen.«
Was du glaubst, fängst du an, in deiner Realität zu sehen.

Wie ist so etwas möglich?

WEIL GEDANKEN, WORTE und Handlungen *Energien* sind. Sie sind in Bewegung und erzeugen andere Energien. Auf diese Weise setzen sie Dinge in Gang.
Alles, was jemals geschehen ist, was jemals erfunden oder produziert oder erreicht worden ist, hat als ein Gedanke im Kopf von jemandem angefangen. Aus dem Gedanken wurden Worte, die ausgesprochen wurden. Zum Schluss folgte daraus konkretes Handeln. Dies sind die drei Werkzeuge der Schöpfung, es gibt keine anderen.
Hier ist das größte Geheimnis des Lebens: Ich habe euch

die Werkzeuge gegeben, mit deren Hilfe ihr euch eure Träume erfüllen könnt. *Ich entscheide nicht*, wer was tut oder was bekommt oder was sein wird. *Ihr tut dies.*

Ist es wirklich so einfach? Ich meine, stimmt das *wirklich*?

DAS GANZE HAT nichts Mysteriöses an sich. Ich habe es euch gerade ganz offen dargelegt.
Du musst dir also darüber klar werden, was du in deinem Leben erschaffen willst. Und denk in *positiver* Weise darüber nach. Denk nicht: »Oh, so etwas könnte ich nie tun oder sein«, *weil dann diese Gedanken zu deiner Realität werden.*
Du musst offen über das sprechen, was du in deinem Leben erschaffen willst. Und sprich darüber *positiv*. Sag nicht: »Ich bin mir nicht sicher« oder »Vielleicht« oder »Wäre es nicht schön, wenn…?«. Sag lieber: »Ich weiß, was ich will!«
Und wenn du dich entschieden hast, was du in deinem Leben erschaffen willst, dann musst du danach handeln – und zwar *positiv*.
Vergiss nie zu handeln und das auf positive Weise zu *sein*, was du erschaffen willst!

8

Was Jugendliche sich am meisten wünschen

Auf meinen vielen Reisen rund um den Globus ist mir aufgefallen, dass die jungen Menschen viele Wünsche und Ideen haben, aber nur sehr wenige Erwachsene ihnen überhaupt zuhören. Wenn ich euch zugehört habe, ist mir Folgendes aufgefallen:

Ich wollt – in den Worten von Robert Kennedy – *eine bessere Welt*, einen Ort, an dem nicht länger Sinnlosigkeit und Heuchelei herrschen und wo es keine Spaltung zwischen uns Menschen gibt. An solch einem Ort würde sich keine Wut mehr zwischen uns aufstauen, wir würden uns nicht mehr streiten und gegenseitig bekämpfen, und es gäbe keine Kriege mehr.

Ihr wollt einen Ort, an dem wir miteinander teilen und uns nicht gegenseitig bestehlen, weil wir nichts nur für uns allein haben wollen. Einen Ort, an dem wir uns nicht gegenseitig etwas wegschnappen, weil wir nichts voreinander zurückhalten, wo wir uns nicht gegenseitig wehtun, weil wir wissen, dass wir dann nur uns selbst verletzen.

Ihr sehnt euch nach einem Ort, an dem wir uns nicht voreinander verstecken, gegenseitig belügen und voreinander weglaufen. Ihr möchtet an einem Ort leben, wo wir aufeinander zugehen, uns umarmen und uns gegenseitig so lieben, wie wir es sollten – und zwar immerzu und überall –, weil es im Leben nur um Liebe geht. Um Liebe zu allen und allem.

Und ich meine damit nicht Sex. Wer glaubt, ich hätte eben auf Sex angespielt, der lebt mit stereotypen Vorstellungen, die schon ein halbes Jahrhundert alt sind. Jugendliche wissen, dass ich hier von *Liebe* spreche.

Ich spreche von einer *liebevollen* und nicht länger hasserfüllten *Lebenseinstellung* von Menschen, die sich auf das Leben einlassen und es nicht verneinen; die das Leben respektieren und es nicht mit jedem Gedanken, jedem Wort und jeder Handlung entwürdigen; die das Leben unterstützen und erhalten und nicht ständig von ihm nehmen und *nehmen* und NEHMEN, bis nichts mehr da ist.

Ich spreche von einer Lebensweise, in der die Menschen dem Leben ihre Energie geben und ihm nicht nach und nach jede Lebendigkeit aussaugen.

Sex hat in dieser Lebensweise seinen Platz, aber es dreht sich nicht alles um ihn. Er ist nur ein Teil des Ganzen. Allein die Liebe durchdringt alle Bereiche. Wir werden uns in diesem Buch auch über Sex unterhalten, weil die Menschen so viele blinde Flecken in Bezug auf ihre Sexualität haben, dass es einfach unglaublich ist. Aber insgesamt wird in diesem Buch das Leben aus einem viel größeren Blickwinkel betrachtet.

Alles dreht sich nur um die Liebe.

Okay, du hast soeben die grundlegende Aussage dieses Buchs gelesen. Nun brauchst du es nicht einmal zu Ende lesen. Dieser Satz bringt es auf den Punkt: *Alles dreht sich nur um die Liebe.*

Aber das wusstest du bereits, stimmt's?
Ja, du weißt über all dies schon längst Bescheid.
In diesem Buch steht daher auch nichts, was du nicht schon kennst. Es soll dich vielmehr an das erinnern, *was du bereits weißt*, und dir Mut machen, *auf der Basis deines Wissens zu leben* – selbst dann, wenn du älter wirst und das bist, was andere »erwachsen« nennen. Ja, selbst dann, wenn du zu einem Teil der Welt geworden bist, die du verändern möchtest. *Besonders dann, wenn du immer mehr zu einem Teil dieser Welt wirst.*

* * *

All diese Dinge haben junge Menschen mir gegenüber als Wunsch geäußert. Aber eine wichtige Sache fehlt noch. Ich habe sie mir bis zum Schluss aufgehoben, weil sie für euch – und darüber hinaus für alle Menschen – von besonderer Wichtigkeit ist. Sie steht daher ganz oben auf eurer Liste.
Freiheit.
Ihr wollt frei sein.

Warum können uns unsere Eltern nicht einfach in Ruhe lassen, anstatt uns immer zu sagen, wie sie uns gerne hätten?

Sandra aus Bloomington, Illinois

Die grösste Herausforderung für Eltern überall auf der Welt ist es, damit aufzuhören, das Leben ihrer Kinder in eine bestimmte Richtung lenken zu wollen.
Eltern haben so große Erwartungen an ihre Kinder, verbinden so viele Träume und Hoffnungen mit ihnen.

Ja, aber es sind *ihre* Träume und Hoffnungen und nicht *unsere*!

Das stimmt, aber sie tun sich schwer damit, diese Erwartungen loszulassen, weil sie euch gegenüber tiefe Gefühle hegen und euch von ganzem Herzen lieben. Wenn sie zudem noch ehrlich glauben, sie wüssten, was das Beste für euch sei, erschwert dies die Dinge noch mehr.
Es ist auch deshalb nicht leicht für sie, weil sie diejenigen waren, die immer für euch da waren, auf die ihr euch verlassen konntet und die euch Schutz und Führung gegeben haben. Es ist nicht einfach, diese Rolle wieder aufzugeben. Sie hatten lange eine wichtige Funktion, die sie jetzt loslassen müssen.

Meinst du, ich sollte mich einfach damit abfinden?

Du kannst deinen Eltern helfen, indem du erst einmal verstehst, wie schwierig es tatsächlich für sie *ist*, dich »loszulassen«. Darüber hinaus kannst du ihnen Zeit geben, um sich an ihre neue Rolle als Ratgeber und Zuhörer anstatt als Richtungsgeber zu gewöhnen.
Hoffentlich hörst du nie damit auf, hin und wieder zu deinen Eltern zu gehen und sie um Rat zu bitten, denn ihr Ratschlag kann sehr wertvoll für dich sein.
Die Umstellung vom »Richtungsgeber« zum »Ratgeber« oder zu jemandem, der sie mit ihrer inneren Wahrheit und Weisheit in Verbindung bringt, können Eltern schon ziemlich früh im Leben ihrer Kinder vollziehen – gewöhnlich viel früher, als sie denken. Dies ist besonders dann möglich, wenn sie ihre Kinder mit Liebe und ohne Angst erzogen haben.

Kinder, die *Angst* davor haben, Fehler zu machen, müssen intensiver und für einen längeren Zeitraum betreut werden. Kinder, die es *lieben*, Fehler zu machen, können schon viel früher »an der langen Leine« geführt werden.

Wie kann man es »lieben«, Fehler zu machen?

Ganz einfach, wenn du weißt, dass du dafür belohnt wirst! Alle Kinder (und alle Erwachsenen) werden tatsächlich für jeden »Fehler«, den sie machen, belohnt. Dieser Lohn besteht darin, dass sie aus dem, was geschehen ist, lernen.

Großartig. Das ist ja ein schöner »Lohn«.

Warte einen Moment, das ist keine Kleinigkeit. Was du aus deinen Erfahrungen lernst, kann von unschätzbarem Wert für dich sein.
Wissenschaftler verstehen das, und daher *genießen* Forscher förmlich ihre »Fehler«. Ein Experiment, das »schief gelaufen« ist, ist tatsächlich ein Experiment, das zu etwas *Gutem* führt.
Dies trifft auf jeden Lebensbereich zu. Die Belohnungen für jede Handlung und Entscheidung sind enorm, und wenn du sie zusammenzählst und unter diesem Licht betrachtest, wirst du sie wirklich schätzen lernen.
Jeder Mensch hat bestimmt schon einmal erlebt, dass ein vermeintlich »großer Fehler« sich letztlich als großer Segen entpuppte.
Auch du wirst eines Tages erkennen, dass es *letztlich gar keine Fehler gibt*.

Nun, das ist eine interessante Sichtweise.

Es ist eine »Sichtweise«, die dein Leben verändern kann. Denk daran: »Fehler« ist ein anderes Wort für »Versagen«, und Versagen gibt es nicht. Anzunehmen, dass man versagen könnte, ist eines der großen Missverständnisse, über die ich weiter oben gesprochen habe. Es ist eine Illusion. Es ist unmöglich, bei irgendetwas zu versagen. Und zu behaupten, etwas sei ein »Fehler«, offenbart nur die beschränkte eigene Sichtweise.

Wenn du einen »Fehler« als einen Schritt auf dem Weg betrachtest, auf dem du dorthin gelangst, wo du hin willst, dann nimmst du ihn überhaupt nicht als »Fehler« wahr. Du siehst alles als Entwicklung.

Der Fehler als solcher ist gar nicht schlimm, und du wirst dankbar sein, ihn gemacht haben zu dürfen. Vielleicht hast du sogar Lust, ihn zu feiern!

In den besten Unternehmen *feiern* die Chefs die »Fehler« ihrer Angestellten – manchmal veranstalten sie sogar eine Party oder zahlen der betreffenden Person einen Bonus.

Sie sagen: »Nun wissen wir, was wir nicht machen wollen und wie wir es nicht machen wollen. Dies ist ein großer Schritt in die Richtung eines langfristigen Erfolgs.«

Unternehmen mit solch einer Führung ziehen sich Mitarbeiter heran, die innovativ und belastbar sind, die keine Angst vor Entscheidungen haben und Risiken eingehen – und auf diese Weise hat man den größten Erfolg. Ein guter Firmenchef versteht diese Zusammenhänge und weiß: *Irrtum bedeutet Fortschritt.*

Gute Eltern wissen dies ebenfalls.

Denk immer daran: *Jeder Irrtum ist ein Schritt nach vorn.* Kinder, die belohnt werden, wenn sie »Fehler« machen – indem man sie streichelt, in den Arm nimmt, drückt, küsst

oder sonst positiv bestärkt –, werden es schließlich lieben, »Fehler« zu machen. Wenn sie erwachsen sind, werden sie viel Freude am Leben haben.
Sie werden keine Angst vor ihrem Schatten (oder vor den Schatten anderer Menschen) haben. Sie werden mit Selbstvertrauen aufwachsen und in der Lage sein, Dinge zu wagen und sich den Herausforderungen des Lebens zu stellen, die sie als Möglichkeiten begreifen, ihr eigenes Potenzial zu erfahren.

Oh, Mann – du müsstest dringend mal mit meinen Eltern sprechen!

WILLST DU MICH auf den Arm nehmen? Ich spreche bereits ständig mit deinen Eltern.

Warum kann ich nicht dann nach Hause kommen, wann ich will? Was sollen diese ganzen »Zapfenstreiche«? Ich versteh das einfach nicht! Warum werde ich immer wie ein Kind behandelt? Warum erlaubt man mir nicht, mich frei zu bewegen und das zu tun, was ich möchte – egal, wie lange es dauert und wie spät es wird?

Brian, 16, aus Indianapolis, Indiana

FREIHEIT IST NICHT etwas, was andere dir geben. Sie ist der Kern von Wer Du Bist. Die Worte Freiheit und Gott sind austauschbar. Gott *ist* Freiheit. Freiheit *ist* Gott.
Deine Seele ist ein individueller Aspekt Gottes. Sie ist der Kern dessen, was du bist. Wenn man deine Seele mit einem Gefühl beschreiben sollte, wäre es Freiheit.
Und gleichzeitig Liebe.
Aber Liebe *ist* natürlich ein Ausdruck der Freiheit. Und

Freiheit ist ein Ausdruck der Liebe. Und Gott ist in Freiheit ausgedrückte Liebe!
Begreifst du die Zusammenhänge? Es ist alles dasselbe. Du gibst dem, was ist, einfach nur verschiedene Namen.

Cool, aber du hast meine Frage nicht beantwortet.

UM SIE BEANTWORTEN zu können, muss ich ein wenig ausholen.
Du fragst, warum deine Eltern dir nicht genug Freiheit geben, und ich sage dir, dass du diese Freiheit bereits hast, weil sie ein Teil von dem ist, wer und was du bist.
Alles, was du nicht bist oder tust – zum Beispiel länger als verabredet von zu Hause wegzubleiben –, geschieht, weil du dich dafür entschieden hast.

Ich habe mich dafür entschieden? Da verdrehst du etwas. Es sind meine Eltern, die *mich* einschränken.

NEIN, DU SELBST schränkst dich ein. Glaubst du, es gibt keine Kinder, die weitaus länger wegbleiben, als es ihre Eltern erlauben? Oder die – um frei zu sein – mit vierzehn, fünfzehn oder sechzehn von zu Hause weglaufen und nicht zurückkommen?

... und es dann hinterher bereuen.

DAS STIMMT.

Du meinst also, ich sollte mich nicht absichtlich meinen Eltern widersetzen oder von zu Hause weglaufen, stimmt's?

Natürlich solltest du das nicht. Ich versuche dir zu erklären, dass du deine Freiheit, das zu tun, was du willst, in Anspruch nehmen solltest – aber dir sollte dabei klar sein, dass *du derjenige bist, der entscheidet.*
Du hast die Freiheit, dich an den Zapfenstreich deiner Eltern zu halten oder nicht. Und wenn du es tust, *dann behaupte nicht, deine Eltern würden deine Freiheit beschränken.* Du tust das, was du tust, weil *du* es so willst, nicht weil andere das von dir verlangen.
Erinnerst du dich noch an das Babysitter-Beispiel?
Menschen versuchen oft, andere für ihre eigenen Entscheidungen und Erfahrungen verantwortlich zu machen. Die Freiheit liegt darin zu verstehen, dass *du* die Entscheidungen triffst und *du* dich dafür entscheidest, bestimmte Erfahrungen zu machen.
Mit anderen Worten, du bestimmst, was du tust, weil du dir etwas davon versprichst.

Du meinst also, ein Dach über dem Kopf zu haben oder ein ruhiges Zuhause ohne viel Schreien und Anbrüllen? Oder nicht immer Hausarrest zu bekommen? Nennst du das alles »Freiheit«? Etwas zu tun, um negative Auswirkungen zu vermeiden? Das fühlt sich für mich nicht nach Freiheit an, sondern nach Zwang.

Niemand kann zu irgendetwas »gezwungen« werden. Man kann nur das Gefühl haben, gezwungen zu werden.

Das ist im wirklichen Leben aber anders. Dort werden Menschen gezwungen, alle möglichen Dinge gegen ihren Willen zu tun.

Ich verstehe, wie du zu dieser Aussage kommst. In Wahrheit jedoch treffen die Menschen immer nur Entscheidungen für sich.

Es gibt aber Momente, wo du *keine* Wahl hast!

Es gibt keinen Moment, in dem du *nicht* die Wahl hast. Wenn du dich dafür entscheidest, etwas zu tun, was nicht dem Wunsch deiner Eltern entspricht, musst du zwar bestimmte Konsequenzen in Kauf nehmen, aber das bedeutet nicht, dass du keine Wahl hast.
Die Entscheidungen, die du triffst, spiegeln immer deine Wünsche und Werte wider – und zwar ausnahmslos. Sie offenbaren stets das, was du glaubst, wünschen und sein zu können. Darin besteht überhaupt kein Zweifel. Und deine Entscheidungen beweisen nicht, dass du keine Freiheit hast, sondern genau das Gegenteil.
Denk immer daran: *Durch jede Handlung definierst du dich selbst.*
Für jedes Beispiel, das belegen soll, wie jemand zu irgendetwas »gezwungen« wurde, lässt sich auch das gegenteilige Beispiel finden.
Es gibt Eltern, die ihre Kinder verlassen, anstatt sie großzuziehen. Diese Eltern bleiben nicht deshalb bei ihren Kindern, »weil sie es müssen«. Deine Eltern ziehen *dich* nicht deswegen groß, »weil sie es müssen«. Sobald du das verstehst, siehst du deine Eltern in einem anderen Licht.
Es gibt Kinder, die von zu Hause weglaufen, anstatt ihren Eltern zu gehorchen. Sie gehorchen ihnen nicht deshalb, »weil sie es müssen«. *Du* hörst nicht deswegen auf deine Eltern, weil du es musst. Sobald du das verstehst, siehst du dein ganzes Leben in einem neuen Licht.

Es gibt Menschen, die es vorzogen zu sterben, anstatt ein Leben zu führen, das sie nicht wollten. Sie haben das, was sie taten, nicht deshalb getan, »weil sie es müssen«.

Wir haben schon früher darüber gesprochen. Du hast dies schon mal gesagt.

Ich erwähne es erneut, weil du dir diese Zusammenhänge wirklich klar machen solltest. Sobald du sie verstehst, ändert sich alles, und du erlebst dich selbst und alles andere im Leben auf völlig neue Weise.
Denk immer daran: *Niemand tut irgendetwas, was er nicht tun will.*

Schon gut, okay. Aber du hast meine eigentliche Frage noch nicht beantwortet. Warum müssen mir meine Eltern immer vorschreiben, wann ich zu Hause sein soll? Warum müssen sie überhaupt meine Freiheit einschränken? Warum können sie mich nicht einfach in Ruhe lassen?

Deine Eltern stehen dir nicht *im* Weg. Sie *pflastern und begradigen* deinen Weg, der sonst ziemlich steinig und beschwerlich sein könnte. Sie werden nicht immer da sein und sich um die Beschaffenheit deines Weges kümmern. Schau dir an, ob es dir nicht vielleicht nützt, dass sie sich um deinen Weg kümmern, solange sie da sind.

Du beantwortest meine Frage immer noch nicht! Warum müssen sie meinen Weg »befestigen«, indem sie mich *einschränken*?

In Ordnung, lass uns das Ganze mal aus der Sicht deiner Eltern betrachten.
Wenn du hier und jetzt all das zum Ausdruck bringen wolltest, was du bist, würde es dich schier überwältigen. Aus diesem Grund habe ich dir *eine ganze Lebensspanne gegeben, in der du dies tun kannst.*
Bist du schon jemals überwältigt gewesen? Es hat Nachmittage gegeben, als du vom Umfang deiner Hausaufgaben überwältigt warst, stimmt's?
Also gut, stell dir vor, dass alle Entscheidungen, die du je im Leben getroffen hast, vor dir ausgebreitet liegen – alle Entscheidungen über Lebensziele, Werte und jeden wichtigen Aspekt deines Lebens. Glaubst du nicht auch, dass dich das ziemlich »überwältigen« würde? Denn es ist nicht möglich, dass du dich auf einmal voll daran erinnerst, wer du wirklich bist. *Dein Leben ist der Prozess, durch den du dich erinnerst.* Wenn du das Leben eher »scheibchenweise« – also immer nur ein Bissen pro Zeiteinheit – genießt, wirst du besser mit der ungeheueren Datenmenge fertig werden, die ständig auf dich einströmt.
Ich weiß, dass du dieses Bild nachvollziehen kannst. Wenn du auf deinen kleinen Bruder aufpasst, dann gibt es auch bestimmte Dinge, die du ihn tun lässt und die du ihm verbietest, richtig?

Ich bin aber kein Kind mehr. Ich weiß selbst, was das Beste für mich ist. Und nebenbei bemerkt: Wie sollte ich es jemals herausfinden, wenn ich nicht die Möglichkeit habe, meine eigenen Erfahrungen zu sammeln?

Du wirst es nicht herausfinden, wenn man es dir nicht erlaubt.

Das meine ich ja! Genau darauf will ich doch hinaus!

Ich verstehe. Du wirst nichts über das Leben lernen, wenn deine Eltern es nicht zulassen. Eltern versuchen natürlich, dir dabei zu helfen, dass du nichts auf »dem harten Weg« lernen musst. Sie hegen gute Absichten. Aber wenn sie nicht aufpassen, umstellen sie dich mit so vielen Regeln, Verboten und Richtlinien, dass du nicht mehr die Möglichkeit hast, wirkliche Entscheidungen für dich zu treffen – ganz zu schweigen von der Möglichkeit, auch deren Konsequenzen tragen zu müssen.
Für Eltern stellt sich nicht die Frage, ob sie ihren Kindern erlauben, eigene Entscheidungen zu treffen, sondern lediglich ab wann, in welchen Bereichen und in welchem Ausmaß.
Diese Fragen klären sie am besten gemeinsam mit den Kindern.

Meine Eltern treffen diese Entscheidungen aber nicht »gemeinsam« mit mir. Sie bestimmen einfach über mich, und ich muss mich dann nach ihnen richten.

Eltern, die sich Gedanken über ihre Erziehung machen, tun es aber. Verantwortungsvolle Eltern respektieren die Tatsache, dass ihre Kinder einfach nur jüngere Erwachsene sind, denen von Natur aus die gleichen Rechte zustehen wie allen anderen Menschen auch.
Vielleicht behandeln dich deine Eltern einfach so, wie sie von ihren Eltern behandelt worden sind. Vielleicht mussten auch sie sich strikt an Gebote und Verbote halten. Wenn du mit ihnen sprichst und ihnen zuhörst, kannst du ihnen vielleicht helfen, diese Kette zu durchbrechen.

Wie kommt es, dass Erwachsene immer respektiert werden wollen, ohne selbst andere Menschen zu respektieren?

Peter aus Moskau

MANCHE ERWACHSENE WISSEN nicht, wie sie ihre Kinder respektieren sollen. Die Vorstellung, einem Menschen mit »Respekt« zu begegnen, der viel jünger ist als sie und dem sie selbst das Leben geschenkt haben, ist ihnen ziemlich fremd.
Diese Menschen assoziieren »Respekt« meistens mit »Angst«, anstatt »Respekt« mit »Liebe« zu verbinden. Sie respektieren andere dann, wenn sie älter, stärker oder mächtiger oder was auch immer sind, weil sie Angst davor haben, was geschieht, wenn sie es nicht tun. Wer andere Menschen respektiert, weil er sie liebt, hat keine Probleme damit, auch die eigenen Kinder zu respektieren. Verantwortungsvolle Eltern verhalten sich auf der Grundlage dieses Wissens und stellen, wenn überhaupt, nur wenige willkürliche Regeln und Gebote auf. Zum größten Teil bieten sie ihren Kindern (in einer Weise, die ihrem Alter angemessen ist) die Möglichkeit an, *gemeinsam* mit ihnen die Bedingungen des Zusammenlebens festzulegen.

Aber was mache ich nun mit *meinen* Eltern?

SETZ DICH MIT ihnen zusammen und sprich so mit ihnen, wie wir gerade miteinander sprechen.

Das wird nicht funktionieren, sie werden mir nicht zuhören. Sie wollen immer nur, dass ich *ihnen* zuhöre.

Wenn das wirklich wahr ist, dann zeig ihnen dieses Buch und sag: »Mutter und Vater, ich möchte nicht respektlos erscheinen und auch nicht wieder anfangen, mit euch zu streiten, aber wäret ihr bereit, etwas für mich zu lesen?«

Und wenn sie es nicht tun?

Dann bist du frei zu entscheiden, was du willst. Gebrauche deine Ursprüngliche Macht. Du kannst deine Eltern ignorieren und die Konsequenzen tragen, oder du vermeidest die Konsequenzen, indem du deine Eltern nicht ignorierst. Du hast die Wahl.

Schöne Wahl!

Für den Rest deines Lebens wirst du diese Art von Wahl haben. Es wird sich nichts daran ändern, nur die »Akteure« in diesem »Drama« werden wechseln. Das Stück bleibt immer das gleiche.
Du wirst immer entscheiden müssen, was du bereit bist, auf dich zu nehmen, um deine Wünsche in die Wirklichkeit umzusetzen. *Durch diesen Prozess wirst du dich selbst bestimmen.*
Dein ganzes Leben lang definierst du dich durch das, was du willst, und auf diese Weise entscheidest und offenbarst du, Wer Du Bist. Wusstest du das? Wenn du wissen möchtest, wie weit entwickelt einzelne Menschen sind, dann schau dir an, was sie unter »Glück« verstehen.
Du definierst dich auch dadurch, was du bereit bist zu tun, um das, was du willst, auch zu leben.
Die Auseinandersetzungen mit deinen Eltern sind also

nur Teil von einem Lernprozess, der dein ganzes Leben lang weitergeht.
Dieser Prozess kann Spaß machen, wenn du ihn wirklich verstehst, denn in ihm *drückt sich die Freiheit aus*.

9

Sexualität

Warum flippen meine Eltern beim Thema Sex immer aus? Mein Gott, sie flippen wirklich aus.

Susan, 14, aus Spartanburg, South Carolina

Deine Eltern flippen hauptsächlich deswegen beim Thema Sex aus, weil ihre Eltern ebenfalls ausgeflippt sind. Und deren Eltern sind ausgeflippt, weil auch *ihre* Eltern damals schon ausgeflippt sind. Das Ganze geht schon seit Jahrhunderten so.

Allerdings nicht in allen Kulturen. Es gibt Kulturen, für die Sexualität kein Problem ist, keine Sache, für die man sich schämt, über die man nicht spricht und die man nur im Geheimen »tut«.

Doch in den meisten Kulturen ist eben dies der Fall.

Die meisten Menschen schämen sich für ihren Körper oder wissen einfach nichts mit ihm anzufangen. Und daher stellen sie mit allen Mitteln sicher, dass er immer bedeckt ist, und *erlassen Gesetze, die alle Menschen dazu zwingen sollen.*

Warum tun sie das? Die meisten Menschen haben Angst davor, was geschieht, wenn sie einander nackt sehen. Sie glauben, ihre unterdrückten Wünsche gehen mit ihnen durch, sie bekommen ungesunde Fantasien und sind nicht mehr in der Lage, ihre tierischen Instinkte zu kontrollieren. (Obwohl in Badeorten und an FKK-Stränden nichts dergleichen geschieht.)

Aber wie konnte so eine Einstellung überhaupt entstehen?

IRGENDWANN BEGANNEN VIELE Menschen zu glauben, dass fast alles, was natürlicherweise »gut« ist, »schlecht« für sie sei und dass sie ihre Begierden bekämpfen und verleugnen müssten, um Gott zu gefallen.
Irgendwann entwickelten sie die Vorstellung, dass Leidenschaft für weltliche Dinge sie von himmlischen Dingen abschneiden würde. Als Folge davon propagierten sie *Entsagung* als spirituelle Praxis. (In dieser Praxis erlaubt man sich keine irdischen Vergnügen, um sich auf das konzentrieren zu können, was »wirklich« wichtig sei. Einige meinten, dazu gehöre auch, dass man hier nicht glücklich ist, sondern dass man sich das wahre Glück im Himmel oder in der »Erleuchtung«, wie es die östlichen Mystiker lehren, erst verdienen müsse.)

Ist Entsagung also keine gute Praxis?

DU KANNST NICHT dem entsagen, Wer Du Bist, um dadurch zu *werden*, Wer Du Bist. Um heilig zu sein, musst du zuerst *heil* sein, ganz.
Denk immer daran: *Um heilig zu sein, musst du zuerst heil sein.*
Wenn du einen Teil von dir ablehnst, verleugnest du einen Aspekt von dir, den ich erschaffen habe. Das ist das Gleiche, als ob du behaupten würdest, ich wüsste nicht, was ich erschaffen habe. Oder, noch schlimmer, dass ich genau

wusste, was ich tat, und nun *von dir fordern würde, es mühsam zu überwinden.*

Oder anders damit umzugehen?

EINER SACHE ZU entsagen bedeutet nicht, anders mit ihr umzugehen, sondern sie überhaupt nicht zu benutzen. Sex ist etwas, was ich euch gegeben habe – mit all seiner Schönheit, seiner Leidenschaft, seiner Aufregung, seinem Staunen, seiner puren Freude und seinem hemmungslosen Spaß. Ihm zu entsagen bedeutet, mir zu entsagen.
Entsagt also nicht eurer Sexualität und auch nicht all der anderen guten und wunderbaren und freudigen Dinge, die ich euch im Leben gebe. Ich fordere nicht von euch, dass ihr ohne sie lebt. Entsagt einfach nur jeglicher Abhängigkeit von ihnen. Dies unterscheidet sich von der Forderung, ganz auf sie zu verzichten, denn ihr *könnt* all diese Dinge miteinander verbinden.

Sexualität wurde also deshalb ein Problem, weil die Menschen dachten, Gott würde von ihnen verlangen, dem Sex zu entsagen?

EINFACH AUSGEDRÜCKT, JA. Es gab eine Zeit, in der die Menschen ihre sexuellen Wünsche und Handlungen als natürliche und lustvolle Lebensfunktionen betrachteten. Es gab keine Scham und keine Verlegenheit in dieser Hinsicht.
Aber dann änderten sich die kulturellen Maßstäbe, und offener, spielerischer und lustvoller Sex wurde als »Ausleben der niedrigen Natur des Menschen« betrachtet. Es wurde behauptet, Gott finde keinen Gefallen daran.

Einige Gruppen und Religionen lehrten sogar, dass man sich gänzlich von jeder sexuellen Betätigung fernhalten müsse, um heilig oder erleuchtet werden zu können.
Andere erkannten, dass die Menschheit aussterben würde, wenn alle Menschen sich daran hielten, und lehrten stattdessen, dass Sexualität ein notwendiger Bestandteil des Lebens sei, um Kinder zu zeugen. Der einzige Zweck und die einzige Rechtfertigung für Sex war nun die »Fortpflanzung«.
Sexualität war fortan nur noch dann in Ordnung, wenn dabei Kinder produziert wurden. Geburtenkontrolle sowie Sex außerhalb der Ehe wurden abgelehnt, und Sex zwischen Jugendlichen (die nicht in der Position waren zu heiraten, und Kinder großzuziehen) war *absolut* untersagt.
Geschlechtsverkehr aus Gründen purer Leidenschaft oder einfach aus einem körperlichen Vergnügen heraus, geschweige denn aus inniger Liebe und dem starken Verlangen, sich mit dem geliebten Menschen zu vereinen, wurde als Verletzung der »heiligen Natur« der Sexualität betrachtet.
Heutzutage hat sich dieses Denken teilweise geändert, und in vielen Gesellschaften herrscht eine nachsichtigere Haltung gegenüber der Sexualität. Dennoch kann es weiterhin schwer sein, Freude am Sex zu empfinden, wenn um ihn immer noch herumgeredet wird und er immer noch größtenteils »im Verborgenen« stattfindet.
Um Freude am sexuellen Ausdruck zu empfinden, muss man unter anderem auch bereit sein, verantwortungsvoll mit diesen Energien umzugehen. Diese innere Einstellung trifft auf alle Lebensbereiche zu.
Wenn Menschen auf irgendeinem Gebiet verantwortungslos handeln, entstehen dadurch alle möglichen Probleme,

Komplikationen und ungewollte Konsequenzen im eigenen Leben und im Leben von anderen.
Es gibt drei Grundprinzipien des ganzheitlichen Lebens (auf die wir später noch ausführlicher eingehen werden) – und Verantwortung ist einer von ihnen. Wenn Menschen verantwortungsbewusst handeln, erleben sie das, was sie tun, mit innerer Freude.
Obwohl heutzutage eine offenere Einstellung vorherrscht, wurde in der Vergangenheit Sexualität als Ausdruck natürlicher Freude des Menschen derart verteufelt, dass viele Menschen noch immer nicht den richtigen Namen für bestimmte Körperteile benutzen und es nicht zulassen, dass andere sie unbekleidet sehen. Nacktheit ist immer noch unanständig.
Kurz gesagt, viele Menschen schämen sich ihrer selbst. Die Menschen haben keine natürliche Beziehung mehr zu ihrem Körper.
Und wenn das Thema Sex dann bei ihren Kindern ins Spiel kommt, flippen viele Eltern tatsächlich aus.

Ja, das stimmt *wirklich*. Mein Vater hat kein Problem damit, sich mit mir Filme voller Gewalt und Blut anzuschauen, wo Menschen reihenweise zerfetzt werden. Niemals jedoch würde er sich mit mir einen Film anschauen, in dem nackte Menschen miteinander Liebe machen.

SEIN VERHALTEN SPIEGELT die allgemeine Einstellung in eurer Gesellschaft wider. Diese Einstellung spielt eine große Rolle bei dem, was deine Umgebung prägt, in der Sexualität eher *unter*drückt anstatt *aus*gedrückt wird.

* * *

Warum muss ich mit dreizehn Jahren im Kino Erwachsenenpreise zahlen, ohne Erwachsenenfilme sehen zu dürfen? Da stimmt doch etwas nicht.

Karus, 14, aus Ashland, Oregon

In Bezug auf den Inhalt wirst du wie ein Kind behandelt, aber wenn es um die Brieftasche des Kinobesitzers geht, wie ein normaler Erwachsener.

Genau!

Da sich in eurer Gesellschaft alles immer nur ums Geld dreht, ist das Verhalten für einen Geschäftsmann nicht weiter verwunderlich. Er empfindet dabei sicherlich keinen Widerspruch. Die Menschen werden erst dann ihr widersprüchliches Verhalten ablegen, wenn sie ihre Prioritäten verändern.

Welchen Zweck hat also Sexualiät?

Das musst du selbst herausfinden. Alles im Leben hat den Sinn, den du ihm gibst. Ich gebe den Dingen im Leben keinen bestimmten Zweck. Nur dem Leben als solchem habe ich einen Zweck gegeben. Dieser Zweck besteht darin, dir die Möglichkeit zu geben, dich auf allen Ebenen als Wer Du Wirklich Bist auszudrücken.

Ihr seid nach dem Ebenbilde Gottes erschaffen. Gott ist der Schöpfer. Ihr seid nach seinem Bilde gemacht, also seid auch ihr Schöpfer.

Wenn ich euch sagen würde, was ihr erschaffen sollt und wie ihr es erschaffen müsst, könntet ihr selbst nicht schöpferisch sein. Ihr würdet stattdessen einfach nur gehorchen.

Denk immer daran: *Gehorchen ist nicht Erschaffen.*
Daher gebe ich dir Geschenke, und du entscheidest, was du mit ihnen anfängst.
Das Leben ist das größte Geschenk, das du empfangen hast. Es gibt dir die Möglichkeit, dich in jedem einzelnen Moment des Jetzt neu zu erschaffen, und zwar in der nächstgrößeren Version der großartigsten Vision, die du je über Wer Du Bist hattest.
Die Sexualität ist ein weiteres Geschenk. Wenn sie verantwortungsvoll gelebt wird, ist sie ein freudiger und aufregender Teil des Lebens.
Ich möchte an dieser Stelle erneut betonen – damit es kein Missverständnis darüber gibt –, dass wir hier über verantwortliche Sexualität sprechen, wo alle gesundheitlichen Aspekte verstanden, alle Konsequenzen bedacht, alle Vorsichtsmaßnahmen ergriffen und alle Freuden ausgedrückt werden.

Was ist die »großartigste Version dessen, was wir sind« in Bezug auf die Sexualität?

Wie ich bereits sagte, müsst ihr das für euch entscheiden. Manche glauben, Sex habe den Zweck, Liebe auszudrücken und das Leben zu feiern. Anderen dient Sex nur zur Befriedigung eines körperlichen Instinkts. Wieder andere sagen, dass es hauptsächlich darum geht, Kinder zu zeugen. Entweder schließt du dich einer dieser Meinungen an, oder du bildest dir deine eigene.

* * *

Warum bin ich lesbisch?

Jenny, 16, aus Miami

Du bist aus dem gleichen Grund lesbisch, Jenny, aus dem du Rechts- oder Linkshänderin bist, braune Augen oder irgendein anderes persönliches Merkmal hast, das »dich« charakterisiert.

Die menschlichen Gene produzieren deine persönlichen Merkmale schon lange vor deiner Geburt. Dies ist ein vollkommen natürlicher Prozess, und so ist auch deine Veranlagung völlig natürlich und passt zu dir.

Ich liebe dich so, wie du bist, weil es für dich vollkommen in Ordnung ist. Und das bedeutet, es ist auch für mich absolut in Ordnung.

Geh also hinaus in die Welt und feiere, Wer Du Bist. Feiere deine Fähigkeiten und Talente, deine Hoffnungen und deine Träume, deine Leidenschaften und deine Visionen. Feiere all das, was dich einzigartig macht und mit dem Universum vereint.

Und wenn ich »feiere« sage, so meine ich damit nicht, dass du anderen gegenüber unsensibel sein sollst. Feiern bedeutet nicht, anderen etwas vorzuknallen oder den Menschen absichtlich ein schlechtes Gefühl zu geben.

Feiern ist das friedvolle Annehmen, die glückliche Erfahrung und der freudige Ausdruck von Wer Du Bist. Eine Feier ist immer ein Beitrag. Das, was du tust, wird dann zu einer Feier, wenn du dadurch etwas zu deinem eigenen Leben oder zum Leben anderer beiträgst.

Feiere also, und *bring dich ein*. Wenn du dem Leben etwas gibst, wird es auch dir etwas geben. Und aus dem, was du beisteuerst, wird das Leben dir die großartigsten Erfahrungen von Wer Du Bist schenken.

Denk immer daran: *Aus dem, was du beisteuerst, wird das Leben dir die großartigsten Erfahrungen von Wer Du Bist schenken.*

Ich bin verwirrt und weiß nicht, wie ich mit meiner neuen sexuellen Identität umgehen soll. Ich habe gerade herausgefunden, dass ich schwul bin. Wie soll ich das den Menschen beibringen, die ich liebe?

Sag ihnen die Wahrheit. Wenn du Angst davor hast, dann bring das zum Ausdruck. Erzähl ihnen, dass du so große Angst vor ihrer Ablehnung hast, dass du glaubst, ihnen gegenüber nicht ehrlich sein zu können. Erzähl ihnen, dass du Angst hast, bestimmte Dinge mit ihnen zu diskutieren, und bitte sie darum, dass sie etwas sagen oder tun, um dir zu helfen, nicht mehr voller Angst zu sein.

Wenn sie dazu nicht bereit sind oder deine Angst einfach nicht weggeht, dann fühl die Angst und sag ihnen einfach die Wahrheit. Erzähl ihnen, was du ihnen über deine Sexualität mitteilen möchtest und frage sie nach ihrem Rat, wie du am besten mit deiner Situation fertig werden kannst.

Wenn dir bewusst geworden ist, dass du dich körperlich zu anderen Männern hingezogen fühlst und dies deinen Eltern mitteilst, solltest du ihnen genügend Raum für eine ehrliche Reaktion geben. Pass auf, dass du sie nicht wegen ihrer Reaktion auf dich ablehnst. Du möchtest ja auch nicht, dass sie dich wegen deiner Entscheidung ablehnen.

Sag ihnen alles, was du ihnen sagen willst, und bitte sie um ihr Verständnis. Erzähl ihnen, dass du sie immer lieben wirst – egal, was auch geschieht. Bau ihnen eine Brücke für das, was du von ihnen hören möchtest. Kurz gesagt: Verhalte dich ihnen gegenüber so, wie du möchtest, dass sie sich dir gegenüber verhalten.

Dies alles mag nicht leicht für dich sein, besonders wenn

ihre Reaktion sehr negativ ist und sie dich angreifen und verurteilen. Denk immer daran, dass jeder Angriff ein versteckter Hilferuf ist.

Warum kann ich nicht einfach Sex haben, ohne dass alle anderen ein Problem daraus machen? Was ist denn schon dabei?

Claudia, 16, aus Perth, Australien

NICHTS, WAS DU tust, wird jemals hundertprozentige Zustimmung finden. »Alle anderen« ist ein vager Begriff. Die eigentliche Frage lautet, ob du Sex haben kannst, ohne dass *du* ein Problem damit hast.
Und die Frage, die dahinter steht, lautet: Was müsste geschehen, damit Sex für dich okay wäre?

Ich habe keine Probleme damit! Die anderen lassen mich nicht in Ruhe, das ist das Problem!

WARUM IST ES ein Problem?

Weil meine Eltern mich sicher umbringen würden.

SIE WÜRDEN DICH nicht umbringen und wahrscheinlich noch nicht mal überrascht sein. Du glaubst allerdings, sie würden es nicht gutheißen.

Ja, das wollte ich damit sagen, puh…

WARUM GLAUBST DU, dass deine Eltern etwas dagegen hätten?

Weil sie denken, Sex ist schlecht, falsch, schmutzig oder was auch immer!

In Bezug auf deine Eltern mag das stimmen, aber wenn du dir die menschliche Art genau anschaust, wirst du feststellen, dass Einzelne oft Ansichten haben, die sich von denen der Allgemeinheit unterscheiden.

Was willst du damit sagen?

Ich will damit sagen, dass es möglich ist, dass deine Eltern die Vorstellungen über Sexualität, die in der Gesellschaft vorherrschen, nicht unbedingt teilen.

Und warum wollen sie dann nicht, dass ich meine eigenen Erfahrungen mache?

Vielleicht glauben sie einfach, es sei noch zu früh.

Zu früh? Was soll das heißen, »zu früh«? Ich habe gelesen, dass in manchen Kulturen Menschen schon mit zwölf Sex haben!

Es gibt keine vorgeschriebene Zeit für den Beginn sexueller Aktivität. Es unterscheidet sich von Kultur zu Kultur und auch zwischen den einzelnen Personen.

Nun, ich denke, ich bin bereit.

Tatsächlich? Hast du dir alle möglichen Folgen genau angeschaut? Bist du dir wirklich aller Konsequenzen bewusst, die solche tiefen emotionalen Verbindungen mit

sich bringen können? Schwangerschaft? Sexuell übertragbare Krankheiten – einschließlich Aids?
Hast du das Gefühl, dass du über diese Dinge genügend Bescheid weißt? Wenn du dir nicht sicher bist, solltest du mit deinen Eltern darüber sprechen. Aber auch wenn du meinst, genügend darüber zu wissen, sprich trotzdem mit deinen Eltern, und tausche dich mit ihnen aus.
Sprich mit ihnen über Aids und alles, was du darüber weißt. Frag sie alles, was du nicht weißt. Wenn deine Eltern es auch nicht wissen, macht euch zusammen schlau.
Schau dir die unterschiedlichen Verhütungsmethoden an. Weißt du alles, was man darüber wissen sollte?
Sprich mit deinen Eltern über all diese Dinge.

Willst du mich veräppeln? Es ist unmöglich, mit ihnen über solche Dinge zu reden.

Vielleicht ist es nicht so unmöglich, wie du denkst.

Doch, es ist völlig unmöglich, glaub es mir.

Dann gib ihnen dieses Buch zu lesen.

Ich glaube, du verstehst mich nicht.

Doch, ich meine es ernst. Lass sie dieses Buch lesen. Wenn sie daraufhin immer noch nicht mit dir reden wollen, dann erzähl ihnen, dass gerade ein paar Entscheidungen in Bezug auf deine Sexualität anstehen. Sag ihnen, du würdest diese Entscheidungen lieber mit ihnen gemeinsam – mit ihren guten Anregungen – treffen statt alleine.

Sag ihnen aber auch, dass »Verbote« für dich nicht zu den »guten Anregungen« zählen.

Du hast vielleicht Ideen! Glaubst du wirklich, ich könnte so mit meinen Eltern reden?

WENN DU DICH nicht offen mit deinen Eltern unterhalten kannst, welchen Sinn macht es dann überhaupt, Eltern zu haben? *Frag sie DAS!*

Puh...

HA, »PUH« KLINGT gut.
Erzähl ihnen, warum du Sex haben willst; wie du hoffst, ihn in dein Leben zu integrieren; welche Wertvorstellungen du in diesem Bereich hast, und bitte sie dann um ihre ehrliche und mitfühlende Antwort.
Und sei nicht schockiert, wenn deine Eltern dich überraschen.
Es kann gut sein, dass sie völlig offen für ein Gespräch sind und total verstehen, dass es nicht mehr um Gebote und Verbote geht. Möglicherweise haben sie mehr Verständnis und Mitgefühl für deine Gefühle und Wünsche, als du denkst.

* * *

Ganz am Anfang dieses Buches sagtest du, dass ich jeden Tag so viel Sex haben kann, wie ich will, und niemand würde etwas dagegen haben. Was meinst du damit? Du scheinst damit etwas anderes gemeint zu haben als das, was du hier sagst.

Ich sagte, dass du zuerst verstehen musst, was Sexualität ist – und das kann etwas anderes sein, als du denkst.

Ich glaube, ich weiß über Sexualität ganz gut Bescheid. Vielleicht nicht gerade aus eigener *Erfahrung*, aber ich habe genug gehört, um zu wissen, worum es geht.

Du magst genug über den Geschlechtsverkehr als solchen wissen, aber weißt du auch genug über Sexualität überhaupt?
Wenn du das wüsstest, dann wäre dir nämlich klar, dass du bereits jeden Tag »Sex hast«. Sobald Menschen aufeinander treffen, tauschen sie sexuelle Energien aus.
Ihr seid alle Überträger von Energie, und ihr sendet eure Signale nach allen Seiten hin aus. Diese Strahlen dehnen sich von euch bis ins Unendliche. Sie kreuzen die Energiestrahlen anderer Lebewesen und anderer Objekte und formen so ein grenzenloses Netz sich überschneidender Ausstrahlungen, das den Raum, in dem sie existieren, physikalisch beeinflusst und dort besondere Schwingungen erzeugt.
Alles, was existiert, strahlt auf diese Weise bis ins Unendliche.
Die besondere Atmosphäre an einem bestimmten Ort, die du fühlst und auf die du reagierst, kommt durch diese Ausstrahlungen zustande. Genauso kannst du auch fühlen, wie sich die Schwingung *verändert*, wenn die Ausstrahlung eines anderen Wesens wechselt – ganz zu schweigen davon, wenn sich die Ausstrahlung einer ganzen Gruppe von Wesen verwandelt.
Menschen reagieren auf diese Ausstrahlungen.
Tiere und Pflanzen reagieren auf diese Ausstrahlungen.
Die Erde reagiert auf diese Ausstrahlungen.

Das gesamte Universum *besteht* aus diesen Ausstrahlungen. Das ganze System *ist* diese Strahlung. Sie hält alles innerhalb des Systems zusammen. Sie sendet Informationen über das System an das System. Sie ist die Grundlage für alles und die Essenz von allem.
Der spektakuläre Prozess, durch den die Essenz, das Wesentliche, von allen und allem ausstrahlt und von allen und allem empfangen wird und durch alle und alles hindurchgeht, nennt sich S.E.X. – *Synergistic Energy eXchange:* synergistischer Energieaustausch.

Es ist wie … in der Matrix!

Ja. Und wie im Film handelt es sich gleichzeitig um eine imaginierte Realität. Der einzige Unterschied besteht darin, dass sich dahinter keine dunkle Kraft befindet, keine Kolonie künstlicher Intelligenz, keine Armee von Robotern.
Die eingebildete Realität deiner Matrix wird durch dich selbst erzeugt. Du bist der Schöpfer und das Geschöpf. Deine Matrix ist das vereinte Energiefeld, das alle Menschen und Wesen und Dinge zusammen erzeugen. Die Auswirkungen dieses Kraftfelds zeigen sich besonders dann, wenn es geballt an bestimmten Punkten der Raumzeit in Erscheinung tritt.
Für die meisten Menschen ist dieses Kraftfeld unsichtbar, obwohl es von allen gefühlt werden kann und fast jeder in der Lage ist, es in irgendeiner Weise zu beschreiben. Wer sensibel für Energien ist, fühlt dieses Kraftfeld ständig.
Wenn Menschen lernen, mit diesen Energien bewusst umzugehen, erkennen sie an einem bestimmten Punkt, dass sie dieses Kraftfeld sowohl *fühlen* als auch *erschaffen*.

Meister im Umgang mit diesen Energien wissen genau, dass sie im Grunde ihres Wesens auf Grund dieser Energien leben und handeln.
Wenn du S.E.X. mit solch einem Meister erfährst, weißt du, wovon ich spreche.

Ich habe verstanden, was du meinst. Aber du weißt sicherlich, dass ich nicht von dieser Art Sex gesprochen habe.

Es ist alles das Gleiche. Wir unterhalten uns nur über verschiedene Ausdrucksformen ein und derselben Energie.
Wenn du das begreifst, dann weißt du, dass du in jedem Moment »Sex hast«, und dir wird mehr und mehr bewusst, dass du ständig Energie ausstrahlst und empfängst. Du fängst an, bewusst Energie auf eine bestimmte Art und Weise auszustrahlen. Wenn du das eine Zeit lang konsequent tust, wird man sagen, du hast »Charisma«.

Was muss ich dazu genau tun?

Du brauchst dafür nur ein ganz einfaches Instrument. Dieses Instrument nennt sich »Stimmung«.
Die Stimmung, in der du bist und die du in einen Raum bringst, beeinflusst sofort die Stimmung in diesem Raum. Man könnte also sagen, du erzeugst im Raum eine neue Stimmung. Alles verändert sich dadurch, dass du den Raum betrittst.
Viele Menschen verstehen nicht, was es mit diesem Zauber der Stimmung auf sich hat. Du hast jetzt die Chance, diesen Zauber zu verstehen, sodass sich dein ganzes Leben dadurch verändern kann.

Wird mein Leben dadurch romantischer? Das würde mich wirklich interessieren!

Glaub mir, das hängt alles von dem synergistischen Energieaustausch ab, über den wir uns hier unterhalten. In jeder Form von S.E.X kommt es auf die richtige Stimmung an.
Der Zauber der Stimmung besteht nun darin, dass man ihn selbst erzeugen kann und nicht nur auf die Stimmungen von anderen reagieren muss.
Die meisten Menschen glauben, ihre Stimmung entsteht dadurch, dass sie auf etwas von außerhalb reagieren – etwas, das bereits vorhanden oder irgendwie entstanden ist. Diese Umstände würden sie in eine bestimmte Stimmung versetzen oder ihnen sogar »die Stimmung verderben«.
Wer den Zauber der Stimmung verstanden hat, weiß, dass Stimmung nicht etwas ist, auf das man nur reagiert. Stimmungen lassen sich auch bewusst erzeugen. Das heißt, du entscheidest schon vorher, in welcher Stimmung du sein möchtest, bevor du mit bestimmten Umständen oder Ereignissen in Raum und Zeit konfrontiert wirst.
Indem du deine Stimmung schon vorher bestimmst und nicht erst hinterher, hast du einen starken Einfluss auf die konkrete Situation. Du fängst an, die Umstände und Ereignisse zu beeinflussen und zu *erschaffen.*
Deine Stimmung verwandelt den Augenblick, statt dass der Augenblick deine Stimmung verändert. Deine Stimmung verwandelt Menschen, statt dass Menschen deine Stimmung verändern.
Plötzlich wird dir klar, *dass du anfängst, die Ursache selbst zu sein,* anstatt weiterhin nur den Wirkungen von Ursachen ausgesetzt zu sein.

Diese einfache Umkehrung – dieser »Seitenwechsel« – kann jeden Augenblick deines Lebens verändern.

Das ist ja unglaublich! Ich habe noch nie von solchen Dingen gehört. Immerhin hatte unsere Diskussion ja damit angefangen, dass wir uns über Liebemachen unterhalten haben.

WIR HABEN NIEMALS aufgehört, uns über »Liebemachen« zu unterhalten.
Denk immer daran:
Liebe hängt nicht davon ab, wie oft du jemand anderen berührst, sondern wie oft ihr einander im Herzen erreicht.

Nicht alle Jugendlichen sind der Ansicht, dass Sex in dieser Phase ihres Leben wichtig ist. Ich glaube zum Beispiel, dass viel zu viel daraus gemacht wird. Ich habe vor, Sex erst dann zu haben, wenn ich verheiratet bin.

DAS IST VOLLKOMMEN in Ordnung. Weißt du, warum du zu dieser Entscheidung gekommen bist?

Natürlich. Ich denke, Sexualität ist ein besonderer Bereich der menschlichen Erfahrung und sollte daher nur im heiligen Bund der Ehe gelebt werden.

VON WEM HAST du das?

Von meiner Mutter. Aber ich bin der gleichen Ansicht.

COOL.

Ich habe noch nie von einem Gott gehört, der das Wort »cool« benutzt.

GOTT SPRICHT ZU den Menschen in einer Sprache, die sie verstehen. Benutzt du dieses Wort nicht auch oft?

Ja.

COOL, ICH TUE es auch.

Ich habe also in Bezug auf Sex und Ehe Recht?

ES GEHT NICHT ums »Recht haben«, sondern darum, was für dich in Frage kommt. Mit jedem Gedanken, jedem Wort und jeder Handlung bestimmst du selbst deine Realität.

Ja, aber was meinst du dazu? Was sagt Gott zu diesem Thema?

DIES IST JETZT vielleicht eine gute Gelegenheit, sich einmal näher mit dem zu befassen, was Gott ist und wie es mit mir steht.

10
Gott

Wer bist du?

Brigit, 13, aus Oslo

Wer bin ich nicht?

Ich verstehe nicht, was du meinst.

Ich meine, es gibt nichts und niemanden, was ich nicht bin.

Du meinst, du bist alle Wesen und alle Dinge?

Genau das meine ich, ja.

Auch all die schlechten Menschen und Dinge?

Es gibt keine »schlechten« Menschen und »schlechten« Dinge, nur Menschen und Dinge, die ihr »schlecht« nennt.

Das ist doch das Gleiche.

Für euch ja, für mich nicht.

Was meinst du damit?

Dass wir verschiedene Wertmaßstäbe haben und die Dinge unterschiedlich verstehen. Ihr beurteilt ständig, und ich fälle überhaupt keine Urteile.

Gott fällt keine Urteile? Ich dachte immer, dass Gott genau dies tut.

Ja, die Menschheit glaubt dies schon ganz lange, aber es stimmt nicht. Das ist eines der Missverständnisse, von denen ich bereits gesprochen habe. Die Illusion des Richtens, gefolgt von der Illusion der Verdammung.
Dabei steht geschrieben: Du sollst nicht richten und nicht verdammen.

Stimmt es wirklich, dass du nicht verurteilst und richtest? Du vergibst allen – egal, was sie gesündigt haben?

Lily aus Miami, Florida

Ich vergebe niemandem. Das ist das Wichtigste, was du über mich wissen musst. Ich werde dir niemals für das, was du tust, vergeben.
Wenn du diese Aussage erst einmal verstanden hast, wirst du Gott in einem ganz neuen Licht sehen und völlig anders mit mir umgehen.
Ich vergebe niemandem, weil es nichts gibt, das vergeben werden müsste.

Willst du mich auf den Arm nehmen?

Nein. Vergebung ist nur dann erforderlich, wenn jemand mit Füßen getreten oder verletzt worden ist. Du kannst aber Gott keinen Schaden zufügen.

Ich kann dich nicht verletzen? Verletze ich dich nicht dadurch, dass ich sündige?

NEIN. GENAUSO WENIG, wie du dadurch »verletzt« bist, dass ein kleines Kind »sündigt«, indem es Dinge tut, die es nicht tun soll. Würdest du dich dadurch »mit den Füßen getreten« oder »verletzt« fühlen?

Nein.

NATÜRLICH NICHT, UND mir geht es genauso. Du kannst mir in keiner Weise Schaden zufügen. Ich bin alles, ich habe alles, und ich werde immer alles sein. Es gibt nichts, was ich brauche oder möchte; nichts, was notwendig wäre, damit ich »glücklich« bin. Mein »Glück« hängt nicht davon ab, dass du etwas tust oder nicht tust, etwas bist oder nicht bist, etwas hast oder nicht hast.
Ich bin nicht abhängig davon, ob du an mich glaubst oder mich fürchtest oder mich liebst.

Aber du möchtest doch, dass wir dir gehorchen, stimmt's?

ES GIBT NICHTS, was ich von euch bräuchte. Deshalb fordere ich auch nichts von euch, und daher *müsst ihr mir auch nicht gehorchen*.
Glaubt ihr wirklich, ich sitze irgendwo da oben und denke mir Gesetze aus, die ihr befolgen müsst; Regeln, an die ihr euch zu halten habt? Ihr erfindet all das *selbst*.
Da ihr mich in keiner Weise beeinträchtigen könnt, habe ich keinen Grund, mich jemals zu ärgern oder jemals wütend zu sein. Es ist nicht notwendig, euch für irgendetwas zu »vergeben«, das ihr getan habt, denn nichts, was ihr tut,

könnte mich jemals in Mitleidenschaft ziehen. Und da euer Handeln keine Auswirkungen auf mich hat, muss auch nichts wieder gutgemacht werden oder »Gerechtigkeit« erfahren.
Selbst eure Gerichte wissen, dass zuerst eine Verletzung stattgefunden haben muss, bevor man überhaupt Gerechtigkeit walten lassen kann. Wenn der Richter zu dem Schluss kommt, dass dir niemand Schaden zugefügt hat, wird auch niemand »einfach nur so« bestraft. Wenn schon eure eigenen Gerichte so etwas nicht zulassen, warum sollte ich es dann tun?

Aber was geschieht, wenn ich andere tatsächlich schlecht behandle? Wenn ich dich auch nicht verletzen kann, so kann ich doch immer noch andere Menschen verletzen, und ich habe es auch schon oft getan. Die meisten Menschen glauben, dass ihnen ihr schlechtes Verhalten vergeben werden müsste.

DENNOCH SOLLTET IHR diese Art der Vergebung nicht bei mir suchen. Ihr habt mir gegenüber nichts »falsch« gemacht, und daher habe ich keinen Grund, euch vergeben zu müssen.
Ich weiß, warum ihr all das tatet, was ihr jemals in eurem Leben getan habt. Ich weiß, was ihr euch dabei gedacht habt und warum ihr euch so verhalten habt. Wenn ihr die Gründe versteht, aus denen heraus jemand etwas tut, dann ist es sehr schwer, weiterhin wütend auf ihn zu sein, auch wenn ihr nicht mit diesen Gründen übereinstimmt. Und was mich angeht, ich bin grundsätzlich niemals wütend auf irgendwen oder irgendetwas.
Ich verstehe und weiß zu viel. Ich bin daher gar nicht in der

Lage, wütend zu werden. Die Ebene meines Verstehens lässt so etwas gar nicht zu.

Ich fühle mich immer noch schlecht bei dem Gedanken, andere verletzt zu haben.

DANN BITTE *DIE Menschen, die du verletzt hast,* um Vergebung. Und vergiss nicht, dir selbst zu vergeben.

Es gibt Dinge, die ich mir nicht so einfach vergeben kann.

MÖCHTEST DU WISSEN, wie es trotzdem möglich ist?

Ja, sag mir, was ich tun muss!

VERGIB ANDEREN FÜR das gleiche Verhalten. Vergib ihnen die gleichen Fehler, die gleichen Eigenschaften und die gleichen verletzenden Charakterzüge, die du selbst besitzt, sowie die gleichen Sünden an anderen, die du begangen hast.

Du meinst, das funktioniert?

ES IST DIE Zauberformel. Du heilst dein eigenes Herz, indem du das Herz anderer Menschen heilst.

Aber wie kann ich die schlechten Dinge, die ich getan habe, jemals wieder gutmachen, sodass alles vergeben ist und ich von vorn anfangen kann?

Ayla, 13

Meine wundervolle Ayla, es gibt NICHTS wieder gutzumachen. Genau das versuche ich euch die ganze Zeit klar zu machen. Ich bin nicht der Weihnachtsmann, der eine Liste aufstellt, um genau festzustellen, wer gut und wer böse war. Das ist nicht Wer Ich Bin. Ich tue so etwas nicht. Für viele Menschen ist es nicht leicht zu verstehen, dass es weder richtig noch falsch gibt. Doch in Bezug auf das, was ihr wollt, gibt es nur das, was funktioniert und was nicht funktioniert.

Aber wie kann das sein? Ist es nicht falsch, zu morden? Ist Grausamkeit nicht falsch?

Wenn Mord und Grausamkeit falsch sind, was ist dann generell mit Krieg? Was ist mit jemandem, den ihr erschießt, weil er in euer Haus eingedrungen ist und euer Baby entführen will?

Das ist etwas anderes. Das ist Selbstverteidigung.

Das heisst also, es gibt Situationen, in denen Mord und Grausamkeit nicht falsch sind?

Wenn wir uns selbst verteidigen, nennen wir es nicht Mord oder Grausamkeit. Es ist Notwehr.

Das, was du getan hast, ändert sich nicht dadurch, dass du ihm einen anderen Namen gibst. Eine andere Bezeichnung soll lediglich die Tat rechtfertigen.

Meinst du, wir sollten, wenn wir uns selbst verteidigen, niemanden verletzen oder töten?

Ich habe das nicht zu entscheiden. Ihr erschafft euch eure eigene Wirklichkeit auf Grund solcher Entscheidungen. Alle Entscheidungen, die ihr über euch und die Art eures Umgangs miteinander trefft, schaffen den Zustand, in dem sich die Welt momentan befindet.
Es steht mir nicht zu, euch Vorschriften zu machen, wie ihr die Welt gestalten sollt, und euch dann zu kontrollieren und zu bestrafen, wenn ihr nicht das tut, was ich von euch verlange. Ich habe euch einen freien Willen gegeben, mit dem ihr die Welt nach euren höchsten Zielen gestalten könnt. Wenn ihr im Augenblick keine höheren Ziele habt, dann ist es so, wie es ist.
Ich möchte an dieser Stelle nur feststellen, dass es nichts gibt, was absolut richtig und absolut falsch ist. Etwas ist nur dadurch »richtig« oder »falsch«, indem ihr es so benennt. Ihr Menschen verändert ständig eure Vorstellungen darüber, was richtig und falsch ist, je nachdem, in welchen Lebensumständen ihr euch befindet.

Was ist daran falsch?

Nichts. Darauf will ich ja gerade hinaus. Es ist nicht »falsch«, dass ihr eure Meinung darüber ändert, was »richtig« und was »falsch« ist. Da ihr ständig neue Prioritäten und Ziele für euch setzt, ist es sogar das Einzige, was *funktioniert*.
Wenn ihr in Frieden und Harmonie leben wollt, mag es für euch funktionieren, es für »falsch« zu halten, jemanden in Notwehr zu verletzen oder zu töten.
Eines Tages mag auf der Erde das allgemeine Verständnis verbreitet sein, dass es *nicht* funktioniert, andere aus Notwehr heraus zu verletzen oder gar zu töten. Aber eine sol-

che Art von Erkenntnis kann sich nur in einer sehr hoch entwickelten Gesellschaft durchsetzen, in der die Menschen wissen, dass das Selbst nicht verteidigt werden muss, weil es nicht verletzt, beschädigt oder gar zerstört werden kann.
Gegenwärtig ist dies noch nicht eure allgemeine Erkenntnisgrundlage. Eure Vorstellungen über das, was richtig und falsch ist – was also für euch funktioniert –, reflektieren euer gegenwärtiges Verständnis. Was ihr »richtig« nennt, ist einfach nur die beste Möglichkeit, die ihr im Moment kennt, um das zu erreichen, was ihr euch als Erfahrung ausgesucht habt und erleben wollt.

Was »richtig« und was »falsch« ist, kann sich also verändern?

JA, ES VERÄNDERT sich im Laufe der Zeit und unterscheidet sich je nach Ort und Situation.
Es ist zum Beispiel nicht »falsch«, 200 Stundenkilometer zu fahren, wenn du das Rennen von Indianapolis gewinnen willst, aber wenn du mit dieser Geschwindigkeit zum nächsten Supermarkt fährst, wirst du mit Sicherheit Probleme bekommen. Was »richtig« ist, hängt also immer davon ab, was du gerade vorhast und was für diesen Zweck angemessen ist.
Wenn du in den Vereinigten Staaten nach Seattle im äußeren Westen fahren willst, dann aber Richtung Süden nach San Jose fährst, so ist das nicht »moralisch falsch«. Es hat überhaupt nichts mit »richtig« oder »falsch« zu tun. Es geht einfach nur darum, wie du am besten dein Ziel erreichst.

Danke, jetzt habe ich es endlich verstanden.

Die Massstäbe »richtig« und »falsch« existieren nicht als etwas Absolutes, sondern nur als augenblickliche Beurteilung dessen, was funktioniert und was nicht funktioniert. Sowohl individuell als auch kollektiv trefft ihr ständig diese Entscheidungen in Bezug auf das, was ihr erfahren wollt und wie ihr euch in Beziehung zu allem um euch herum seht.

Was heißt das?

Wenn ihr euch als EINS mit allen anderen Wesen und Dingen betrachtet, dann habt ihr bestimmte Vorstellungen über das, was funktioniert und was nicht funktioniert, und dies spiegelt sich in euren Gedanken, euren Worten und euren Taten. Wenn ihr stattdessen glaubt, ihr seid von allem anderen getrennt, zieht das andere Vorstellungen und Wertmaßstäbe nach sich.
Alles hängt davon ab, was ihr erreichen wollt (oder überhaupt für den Sinn eures Lebens haltet) und wie ihr euch mit Allem Was Ist in Beziehung setzt (oder euch selbst auf höchster Ebene definiert).

Und dadurch werden die eigenen Überzeugungen geprägt.

Ganz genau. Deshalb unterscheiden sich deine persönlichen Vorstellungen auch von denen eines anderen Menschen. Kollektive Überzeugungen schaffen einen kulturellen Zusammenhang, der sich durch die ganze gemeinsame Geschichte zieht. Und die gemeinsame Erfahrung bestätigt immer wieder die gemeinsamen Wertvorstellungen.

Übernehmen die meisten Menschen nicht einfach die grundlegenden Wertvorstellungen ihrer Religion?

Josh, 18

JA, UND DIESE Religionen lehren euch Spaltung, Bedürftigkeit, Überlegenheit, Versagen, Richten und Verdammung. Sie halten euch in einem System gefangen, das auf der Annahme beruht, es gäbe das absolut Richtige und das absolut Falsche. Die daraus kulturell gewachsene Vorstellung der Getrenntheit hat immer wieder dazu geführt, dass ihr euch gegenseitig bekämpft und tötet.

Wie kommt es, dass ein Gott der Barmherzigkeit so rechthaberisch ist und so intolerant gegenüber anderen Sichtweisen? Wie kann ein Gott der Gnade überhaupt irgendwen für irgendetwas verurteilen? Warum verdammt er bis in alle Ewigkeit für Übertretungen, die flüchtig und vergänglich sind?

Scott, 18, aus Sacramento, Kalifornien

SCOTT, ICH BIN weder rechthaberisch noch intolerant. Ich denke, wir sprechen hier von völlig unterschiedlichen Gottesvorstellungen. Vielleicht sprichst du von dem Gottesbild, das dir beigebracht worden ist. Dieser Gott ist größtenteils ein Hirngespinst eurer kollektiven Vorstellung.

Ich kann nur wiederholen, was ich bereits gesagt habe: Ich verurteile und richte niemanden und gar nichts. Ich habe dies der Menschheit seit langem immer und immer wieder durch verschiedenste Quellen verkündet.

Viele Menschen, denen ich diese Wahrheit über mich geschenkt habe, haben meine Worte an die Welt weiterge-

leitet, einschließlich spiritueller Führer wie Papst Johannes Paul II.
Anlässlich einer päpstlichen Audienz in Rom am 28. Juli 1999 erklärte der Papst:
»Ewige Verdammung geht niemals von Gott aus. Sie ist eine selbstauferlegte Bestrafung jener, die sich Gottes Liebe widersetzen …«
Diese Erklärung des Papstes entspricht der Wahrheit. Ich werde euch niemals bestrafen, aber *ihr könnt euch selbst bestrafen*. Ihr könnt euch *eure eigene Hölle schaffen*. Selbstbestrafung ist die natürliche Konsequenz eurer Entscheidung, euch selbst zu verurteilen und zu richten. Auf diese Weise leugnet ihr meine Existenz und Gegenwart und trennt euch von mir ab.

Der Papst hat gesagt, »ewige Verdammnis geht niemals von Gott aus«?

Ja, das hat er gesagt. Im Juli 1999 hat er noch andere mutige Erklärungen über die Natur von Himmel und Hölle abgegeben. Du kannst seine Aussagen in Zeitungsartikeln von damals nachlesen.
In ihnen findet sich auch die Behauptung, dass der Himmel kein bestimmter Ort ist, sondern die persönliche Beziehung zu Gott, die in einem gewissen Umfang auch auf der Erde erfahren werden kann.
Der Papst wird dort auch mit der Aussage zitiert, dass die Vorstellung von einem Himmel der metaphorischen Sprache der Bibel entspricht, die einen Unterschied macht zwischen dem Wohnort der Menschen und dem Wohnort Gottes.
Aber schon das alte Testament macht den Worten des

Papstes zufolge klar, dass Gott »nicht auf den Himmel beschränkt werden kann«, sondern dass er die menschlichen Gebete hört und in die menschliche Geschichte eingreift, sodass sich die Gläubigen »durch Gnade« zur Gegenwart Gottes »erheben können«.

In Bezug auf die Hölle sagte Papst Johannes Paul II., dass ewige Verdammnis *keine Bestrafung ist, die Gott von außen auferlegt*. Es handelt sich dabei vielmehr um den inneren Zustand der Getrenntheit von Gott.

Und dann, lieber Scott, machte der Papst die bemerkenswerteste Aussage von allen. Dass irgendwelche Menschen in der Hölle sind oder nicht, »sei zwar *möglich*, aber ob es tatsächlich so ist, *können wir letztlich nicht wissen*«, sagte er.

Bis zu diesem Zeitpunkt hatte noch nie ein Papst oder ein anderer christlicher Würdenträger daran gezweifelt, dass es eine Hölle gibt und damit einen Platz für »ewige Verdammnis«. Und nun kommt das geistige Oberhaupt der größten christlichen Kirche daher und erklärt, dass es keine Gewissheit über die Existenz einer Hölle geben kann.

Auch andere Religionen schlagen in den letzten Jahren einen anderen Ton an und halten sich im öffentlichen Sprachgebrauch in Bezug auf Hölle und Verdammnis stark zurück. All diese Verlautbarungen der geistlichen Führer geben Anlass zu der Annahme, dass sich eure Sicht über mich allmählich verändert.

Es gibt keinen Grund mehr, in ständiger »Angst vor dem Herrn« zu leben. Ihr könnt nun in Freundschaft mit Gott leben und braucht ihn nicht länger zu fürchten. Dies alles markiert eine nicht unbedeutende Kehrtwendung. Es handelt sich nicht um eine kleine Verbesserung am Rande, sondern um einen großen Durchbruch, der alles verändert.

In welcher Hinsicht?

Unsere Beziehung kann nun endlich auf der Grundlage von Liebe stattfinden und muss nicht länger von Angst und Schrecken geprägt sein.
Das Aufregende daran ist, dass ihr auch aufhören könnt, voreinander Angst zu haben, wenn ihr mich nicht länger fürchtet. Ihr könnt nun anfangen, die höchste Wahrheit über Gott zu glauben (die darin besteht, dass ich niemals irgendeinem Wesen Schaden zufügen würde) sowie die höchste Wahrheit über das Leben (es ist ewig und besteht nur aus Liebe, und es gibt genug von allem für alle) und die höchste Wahrheit über euch selbst (ihr seid alle eins) und die höchste Wahrheit über euer eigenes gesegnetes Dasein (das niemals zerstört werden kann und dessen Zweck darin besteht, sich auf ewig zu entfalten).
Dieser Glaube wird eure Beziehung zu mir verändern und daher auch die Beziehung zu euch selbst und untereinander.
Dadurch verändert sich die ganze Welt.

* * *

Warum gibt es so viele Kriege um die richtige Religion?

Park aus Seoul, Südkorea

Die meisten Religionen auf der Erde gehen davon aus, dass es nur einen Weg zu Gott gibt und dass ihr Weg dieser eine Weg ist. Sie glauben dies so inbrünstig und lehren ihren Glauben so leidenschaftlich, dass sie glauben, in mei-

nen Augen anderen Menschen überlegen zu sein. Sie nehmen die Illusion der Überlegenheit als bare Münze.
Viele glauben auch, sie müssten andere davon überzeugen, dasselbe zu glauben, und würden dadurch mir gegenüber ihre Verantwortung wahrnehmen.
Einige Religionen und ihre Anhänger glauben und lehren, dass die Gläubigen anderer Religionen meine Feinde seien und daher bekehrt, beseitigt oder ausgelöscht werden müssen.
Diese Gedanken und Vorstellungen führten zur Rechtfertigung ethnischer Säuberungen, religiöser Intoleranz und »heiligen Kriegen«.
Wie ich bereits deutlich gemacht habe, entspringen diese Vorstellungen einer ganzen Reihe von Illusionen, die sich die Menschen in Bezug auf ihre Lebensphilosophien, ihre Religionen, ihre politischen und wirtschaftlichen Systeme sowie in Bezug auf das Leben insgesamt machen. Die Illusion der Überlegenheit ist eine dieser falschen Vorstellungen.
Diese Illusionen sind nicht real, aber sie scheinen sehr real zu sein, weil die Menschen ihnen so viel Macht gegeben hatten.

Kein Wunder, dass die Welt so ist, wie sie ist.

JA, IHR ZUSTAND ist der Ausdruck eines Glaubenssystems, das auf Angst, Mangel und falscher Überlegenheit basiert.
Die meisten eurer weltweiten Institutionen – nicht nur Religion, sondern auch Politik, Ökonomie, Erziehung und soziale Institutionen jeder Art – existieren innerhalb dieses Paradigmas und funktionieren nach diesem Schema.
Deshalb gibt es so viele Kriege um die »richtige« Religion,

das richtige politische System, das richtige wirtschaftliche System und um all die Dinge der Erde, von denen es »nicht genug für alle« geben soll.
Der Kampf um das, was nicht in ausreichender Menge für alle da sein soll – und unter diese Kategorie fällt für euch traurigerweise auch Gottes Liebe –, ist immer wieder der Grund für blutige Kriege.
In Zukunft wird auch Wasser auf dieser Liste stehen.

Was?

Wenn ihr weiter so lebt wie bisher, könntet ihr eine Situation herbeiführen, in der Wasser zu den Dingen zählt, die nicht in ausreichender Menge für alle da sind. In vielen Teilen der Welt ist dies bereits der Fall. Daher liegt es im Bereich des Möglichen, dass ihr im 21. Jahrhundert Kriege ums Wasser führen werdet.
Parallel zum Ersten und Zweiten Weltkrieg könnte es einen ersten und zweiten Wasserkrieg geben.

Das sind ja schöne Aussichten.

Ich sagte »könnte«. Ihr könnt es jederzeit verhindern. So wie ihr auch dafür sorgen könnt, dass ihr weiterhin saubere Luft habt, fruchtbaren Boden, genug Waldbestand zur Sauerstoffproduktion und eine intakte Ozonschicht zum Schutz vor globaler Erwärmung.
Ihr könnt weltweite Katastrophen verhindern, es ist noch Zeit. Und nun seid ihr hier auf der Bildfläche erschienen. Vielleicht entscheidet ihr euch dafür, die Dinge zu verändern. Aber verändert nicht nur die *äußeren Umstände*. Verändert sie, ja, aber denkt auch daran, die inneren Über-

zeugungen zu verändern, die diese Umstände erst hervorbringen, denn sonst wird über kurz oder lang alles wieder beim Alten sein.

* * *

Warum glaubt nicht jeder an Gott?

Peter, 17, aus Zagreb

Die meisten Menschen glauben an Gott. An *ihren* Gott. Für sie ist »ihr« Gott der einzige Gott, und alle anderen Götter sind falsche Götter. Leider hat diese irrsinnige Vorstellung dazu geführt, dass unzählige Menschen im Namen Gottes getötet wurden.

Inzwischen ist es für Menschen selbstverständlich, ihre Individualität ausdrücken zu wollen. Aus diesem Grund ziehen sich die Menschen unterschiedlich an, tragen unterschiedliche Frisuren, fahren unterschiedliche Autos und leben auf die unterschiedlichste Art und Weise.

Der Trick hierbei ist, Peter, dass die Menschen einen Weg finden, sich individuell auszudrücken, ohne sich dadurch voneinander abzutrennen und sich anderen gegenüber im Recht und überlegen zu fühlen.

Rechthaberei und Überlegenheit in Bezug auf den Ausdruck der eigenen Individualität – sei sie religiös, politisch, philosophisch, ökonomisch, sozial oder geschlechtsspezifisch motiviert – kann schnell zu einem Verhalten führen, das mit normalen Maßstäben nicht mehr zu messen ist.

In dem Buch *Freundschaft mit Gott* brachte ich der Menschheit eine neue frohe Botschaft, durch die die Welt geheilt werden könnte. Sie bestand aus zwei Sätzen:

Wir sind alle eins.

Unser Weg ist kein besserer Weg, es ist nur ein anderer Weg.
Ich fordere jeden Priester, jeden Pfarrer, jeden Rabbi, jeden Staatsmann, jeden Politiker, jeden Wirtschaftsboss und jeden Lehrer in jeder Schule dazu auf, vor denen, die ihnen zuhören, das Wort zu erheben und diese Botschaft zu verkünden. Ich fordere sie auf, diese zwei Sätze zu sagen.
Diese zwei Sätze würden die Welt retten, aber kein Präsident oder Premierminister, kein Papst oder Bischof, kein Politiker oder Lehrer hat sie bislang jemals über die Lippen gebracht.

Warum?

WEIL ES ETWAS gibt, wofür die Menschen alles aufgeben würden. Sie würden auf alles verzichten, auf Glück, Liebe, Freude, Frieden, Wohlstand, Romantik, Begeisterung, Gelassenheit, einfach auf alles – sogar auf ihre Gesundheit.

Und wofür würden sie all dies tun?

UM RECHT ZU haben.

Welche Rolle hat die Religion, wenn sie nicht mehr den »richtigen« Weg zu Gott weisen kann? Hat sie dann überhaupt noch eine Funktion?

Monica, 17, aus London

AUCH RELIGION HAT die Funktion, die du ihr gibst. Sie ist in dieser Hinsicht keine Ausnahme.
Du könntest ihr die Funktion geben, die Menschen näher zu Gott und zueinander zu bringen. Gegenwärtig beob-

achte ich eher, von Ausnahmen einmal abgesehen, dass sie das Gegenteil bewirkt.
In der Tat, nichts hat mehr dazu beigetragen, die Menschen voneinander und von Gott zu trennen, als die Religion.

Ich glaube an meine Religion und gehe gern zur Kirche. Meinst du, ich sollte beides lieber sein lassen?

NEIN, ABSOLUT NICHT. Ich würde niemals empfehlen, die Religion aufzugeben, wenn die Menschen im Herzen und mit ihrer Seele dabei sind und ihr Leben auf Grund ihres Glaubens glücklicher ist.

Was würdest du vorschlagen?

ICH WÜRDE SAGEN, lebt euer Leben so, wie ihr es für richtig haltet, aber hört nie auf, euch immer wieder in Frage zu stellen.
Das ist die wahre Haltung des Suchenden und der wirkliche Zweck jeder Religion.
Ich beobachte immer wieder, dass viele Menschen aus der Religion großen Wert für sich ziehen. Die Religionen werden daher immer eine große Rolle in der menschlichen Entwicklung spielen, solange sie Türen öffnen anstatt zuschlagen.

Wodurch unterscheidet sich »Religion« von »Spiritualität«?

Thomas, 16, aus Queenstown, Neuseeland

DAS EINE IST eine Institution, und das andere ist eine Erfahrung.

Religionen sind Institutionen, die auf einer bestimmten Vorstellung über die Natur der Dinge beruhen. Wenn diese Vorstellungen sich verfestigen und erstarren, werden aus ihnen Lehrsätze, die kaum noch hinterfragt werden. Entweder du glaubst sie oder du glaubst sie nicht.

Spiritualität in ihrer freiesten Form erfordert nicht, dass du an irgendetwas glaubst. Sie lädt dich vielmehr kontinuierlich dazu ein, deine eigene Erfahrung zu beobachten. Deine persönliche *Erfahrung* wird zu deiner Autorität, und nicht, was jemand anderes dir erzählt.

Wenn du einer bestimmten Religion angehören müsstest, um Gott zu finden, hieße das, Gott hätte einen bestimmten Weg oder eine bestimmte Methode, auf dem oder durch die du zu ihm kommen könntest.

Warum würde Gott so etwas fordern?

Die Antwort ist, dass ich keinerlei Bedingungen stelle. Die Vorstellung, Gott würde bestimmte Dinge von einem fordern, um sich ihm zu nähern oder zu ihm zurückzukehren, ist Teil der Illusion, dass es bestimmte Erfordernisse gebe.

Es handelt sich hierbei um eine weitere Illusion der Menschheit, ein weiteres jener Missverständnisse, über die wir bereits gesprochen haben. Es hat nichts mit der wirklichen Realität zu tun.

Ich habe keine Veranlassung, irgendetwas von euch fordern zu müssen, denn ich habe kein Bedürfnis, irgendetwas von euch in Empfang zu nehmen. Ist das Aufsagen des Rosenkranzes besser als das Aufsagen der Savitu? Ist die Praxis des Bhakti heiliger als die Praxis, die man Seder nennt?

Nein, offensichtlich nicht. Warum bestehen dann aber bestimmte Religionen weiterhin darauf, dass ihr Weg der beste Weg, nein: der *einzige* Weg zu dir ist?

Mir scheint, als würden wir uns nun langsam im Kreise drehen. Ich habe das Gefühl, ich fange an, mich zu wiederholen.

Einen Moment noch! Erklär es mir bitte noch einmal, sodass ich es auch wirklich verstehe.

Es dient den Religionen, sich als einzig wahre Religion auszugeben, weil es dann für sie leichter ist, Mitglieder zu halten und zu werben und dadurch weiter zu existieren.
Die erste Funktion aller Organisationen liegt darin, sich selbst am Leben zu erhalten.
In dem Moment, wo eine Organisation den Zweck erfüllt hat, zu dem sie ins Leben gerufen wurde, ist sie nicht länger nötig. Aus diesem Grund erfüllen Organisationen selten den Zweck, zu dem sie geschaffen wurden.
Organisationen haben in der Regel kein Interesse daran, sich selbst überflüssig zu machen.
Diese Feststellung trifft auf Religionen genauso zu wie auf alle andere Organisationen. Vielleicht sogar noch mehr.
Dass es eine bestimmte Religion schon sehr lange gibt, muss nicht bedeuten, dass sie sehr effektiv ist. Eher ist das Gegenteil der Fall.

Aber wenn es keine Religion gäbe, wie wüssten wir dann, wie wir in den Himmel kommen?

Lawrence, 15, aus Kansas City, Kansas

Zuerst einmal: Du kannst nicht »in den Himmel kommen«. Es gibt nirgendwo einen Ort, den du aufsuchen müsstest. Selbst wenn es ihn gäbe und du nach der genauen »Richtung« suchen würdest, um zu ihm zu gelangen, könnte dir Religion nicht viel helfen.

Es gibt viele verschiedene Religionen auf der Erde, und jede zeigt dir eine andere Richtung, entsprechend ihrer eigenen Interpretation vom »Willen Gottes«.

Wie ich schon oft betont habe, gibt es nicht den »richtigen« Weg und damit eine bestimmte Art und Weise, Gott anzubeten. In Wirklichkeit ist Gott überhaupt nicht abhängig davon, dass du ihn »anbetest«.

Gottes Ego ist nicht so zerbrechlich, dass er von den Menschen fordern müsse, sich ängstlich vor ihm zu verbeugen oder flehentlich vor ihm herumzukriechen, damit er sie als würdig betrachtet, um seinen Segen zu empfangen.

Was für ein Gott wäre Gott, wenn all dies notwendig wäre? Das ist die entscheidende Frage, die du dir ehrlich stellen musst.

Man hat dir gesagt, dass Gott die Menschen nach seinem Ebenbilde erschaffen habe, aber stellen sich die Religionen nicht vielmehr Gott *nach dem Abbild der Menschen* vor?

Aber wenn du allgegenwärtig und allmächtig bist und Wunder vollbringen kannst, warum machst du dann nicht einfach alle Ungläubigen zu gläubigen Anhängern deiner Religion?

Jacques, 16, aus Paris, Frankreich

Es wäre nicht leicht für mich, die Menschen an »meine Religion« glauben zu lassen, denn ich habe KEINE Religion.

Wie ich gerade ausgeführt habe, glauben die meisten Menschen, dass ich eine Religion habe und dass meine Religion *ihre* Religion sei. Aber das Wunder, das ich geschaffen habe, geht über das Wunder, das du mir zutraust und von mir wünschst, noch weit hinaus. Das wahre Wunder besteht darin, dass alle zu mir zurückkehren – egal, welchen Weg sie einschlagen.

Sie werden zu mir zurückkehren, weil es *keinen Weg gibt, der nicht zu mir führt*. Ich bin Alles Was Existiert. Es *gibt* nichts anderes.

Ich wiederhole: Es gibt keine Hölle. Es gibt die *Erfahrung* der Hölle, die im Getrenntsein von mir besteht, aber du kannst diese Erfahrung in jedem Moment beenden – entweder in diesem Leben oder im nächsten.

Ich bin Alpha und Omega, der Anfang und das Ende, das Alles In Allem. Du kannst dein Happy End in mir nicht verhindern, sondern nur hinauszögern.

Alles, was du brauchst, um deine Reise zu mir zu beschleunigen, ist eine ernsthafte und wahre Sehnsucht nach mir. In dem Moment des Sehnens bin ich anwesend. Du musst nicht erst zu mir »nach Hause« kommen. In diesem Moment weißt du, dass ich immer schon bei dir bin.

Zum Beispiel hier in diesem Buch.

Wie kann es überhaupt sein, dass jemand nicht an dich glaubt?

Jennifer, 19

JEDER HAT EINEN freien Willen, das zu glauben, was er oder sie glauben will. Die meisten Menschen glauben an das, was ihnen ihre Erfahrung bestätigt.

Meister sind Menschen, die genau andersherum leben. Ihre Glaubensvorstellungen basieren nicht auf ihren Erfahrungen; ihre Erfahrungen gründen sich auf dem, was sie glauben.
Meister drehen immer alles um oder besser gesagt: auf die richtige Seite.
Es ist völlig in Ordnung, dass nicht alle Menschen an mich glauben, Jennifer. Nicht an mich zu glauben, führt nicht dazu, dass ich nicht existiere.
Ich bin immer mit dir, *ob du es glaubst oder nicht.*

Wann wirst du wieder zu uns kommen?

Steven

Ich bin niemals weg gewesen. Begreifst du das? Ich war niemals fort! Das ist der entscheidende Punkt. Alle denken, ich wäre gegangen, aber ich habe euch niemals verlassen.
Ich bin hier, mit dir, um dich herum und in dir. Und wenn du das verstehst, musst du dich nie wieder einsam fühlen. Du brauchst nicht länger das Gefühl zu haben, verlassen worden zu sein. Du brauchst keine Angst mehr zu haben und dir den Kopf darüber zu zerbrechen, ob und wie du wieder zu mir kommen kannst. Ich bin hier. *Ich war nie weg.*

Und du wirst mich niemals verlassen?

Wie könnte Gott dich verlassen? Du bist zu großartig und zu einzigartig, um jemals verlassen werden zu können. Und du bist darum großartig und einzigartig, weil ich dich niemals verlassen habe.
Wir sind EINS. Glaubst du mir das? Wenn nicht, dann hast

du all das noch nicht verstanden, was ich dir schon immer versucht habe zu zeigen und durch den Prozess deines Lebens zu offenbaren. Dieser Prozess ist jedoch noch nicht zu Ende. *Er wird niemals zu Ende sein.*
Wir haben die Ewigkeit, um die Wahrheit unseres EINSSEINS zu erkennen und zu erfahren.

Wann wird dein nächster Prophet kommen, und woran werde ich ihn erkennen?

Ashley, 17, aus New Bedford, Massachusetts

MEINE PROPHETEN KOMMEN jeden Tag in jeder Stunde und jeder Minute an, liebe Ashley. Das Wörterbuch definiert einen »Propheten« als »jemanden, der göttlich inspirierte Offenbarungen verkündet« und als »einen, der über außergewöhnliche spirituelle und moralische Einsichten verfügt«. Auf der ganzen Welt gibt es Tausende solcher Menschen. Du musst auf keine bestimmte Person warten; du musst nur die erkennen, die bereits da sind.
Auch du, Ashley, kannst meine Prophetin sein.

Ich? Deine Prophetin? Ich könnte niemals deine Prophetin sein!

DOCH, DAS KÖNNTEST du. Dies ist das große Geheimnis des Lebens. Du kannst all das *sein*, worauf du wartest. Und sobald du dich dafür entschieden hast, ist das Warten vorbei. Wenn du auf Liebe in deinem Leben wartest, *sei* die Liebe, die du erwartest.
Wenn du auf Mitgefühl in deinem Leben wartest, *sei* eine Quelle des Mitgefühls für jeden Menschen, dessen Leben du berührst.

Wenn du darauf wartest, dass Spaß und Freude Einzug in dein Leben halten, dann bring Spaß und Freude in jeden Raum, den du *betrittst.*
Wenn du das *bist*, auf was du wartest, ist dein Warten zu Ende.
Denk immer daran: *Du BIST derjenige, auf den du wartest.*

Ich wünschte, ich könnte das glauben.

DANN *GLAUB* ES, denn du wirst zu dem, an was du glaubst. Leider verstehen noch nicht viele Menschen diesen Zusammenhang, obgleich es sich um eine Botschaft handelt, die die Welt verändern kann. Du kannst diese Botschaft ganz einfach dadurch verkünden, indem du dein Leben lebst. Auf diese Weise hilfst du den Menschen, zu sich zu finden, indem du ihnen zeigst, Wer Sie Wirklich Sind.
Für viele von ihnen wird dies eine große Offenbarung sein, und du bist dann tatsächlich eine Prophetin.

Wie fühlt es sich an, Gott zu sein?

Raymond, 14, aus Boise, Idaho

WUNDERBAR! ES FÜHLT sich wunderbar an. Alles Leben im Universum läuft durch mich hindurch, denn ICH BIN alles Leben im Universum, und es ist wirklich aufregend und wundervoll.
Wie fühlt es sich an, der zu sein, der ich bin? Es fühlt sich an wie... Frieden. Es gibt nichts außerhalb von mir, das ich brauche, um glücklich zu sein.
Das Gleiche gilt für dich.
Wie fühlt es sich an, der zu sein, der ich bin? Es fühlt sich

an wie … Vollkommenheit. Ich bin ganz, vollständig und vollkommen – einfach so, wie ich bin.
Das Gleiche gilt für dich.
Wie fühlt es sich an, der zu sein, der ich bin? Es fühlt sich an wie … Sichersein. Nichts kann mich jemals bedrohen, und ich werde ewig existieren.
Das Gleiche gilt für dich.
Wie fühlt es sich an, der zu sein, der ich bin? Es fühlt sich an wie … Spaß und Freude. Ich erschaffe jeden Moment und erfahre schon im nächsten Moment, was ich gerade erschaffen habe.
Das Gleiche gilt für dich.
Es ist wunderbar, der zu sein, der ich bin. Und es ist wunderbar, der zu sein, der du bist – denn du bist, wer ich bin, und ich bin, wer du bist. Und könnte es etwas Wundervolleres geben als dich? Ich glaube nicht.

Woher kommt Gott?

Ricky, 13

Von überall. Gott kommt von überall her. Und ICH BIN in diesem Moment überall. Es gibt nichts, wo ich nicht bin. Es gibt keinen noch so kleinen Ort, an dem ich nicht bin. Ich bin immer hier und jetzt und überall.

Hörst du uns zu? Warum gibst du mir nie ein Zeichen, dass du mir auch zuhörst, wenn ich zu dir bete?

Myron, 13

Aber Myron, ich *gebe* dir Zeichen, dass ich dir zuhöre! Du siehst sie nur nicht, oder du bemerkst sie, aber traust ihnen nicht. Oftmals tust du sie einfach ab.

Manchmal schlägt dein Herz beim Beten schneller, und manchmal fühlst du einen großen Frieden.
Manchmal hast du das Gefühl, vor Freude weinen zu wollen und manchmal das plötzliche Gefühl des »Einsseins« mit allem und jedem.
Manchmal überkommt dich ein Gefühl tiefen Verstehens oder innerer Gewissheit oder absoluter Vergebung für dich selbst oder andere.
Manchmal fühlst du auch nichts und hast keine besondere Erfahrung. Aber selbst das ist ein Zeichen von mir. Du könntest es als »die Leere« bezeichnen. In dieser Leere kannst du mich finden.
Aus dieser Leere entspringt alle Weisheit und Heilung. Aus dieser Leere bin ich gekommen, und in diese Leere kehre ich immer wieder zurück. Und dein Geist kann ebenfalls dorthin gehen, wenn du es zulässt.
Warum solltest du in diese Leere gehen wollen? Weil du dort Frieden und Weisheit finden wirst. Und du wirst mich dort finden und sehen, dass ich immer schon auf dich warte.
Die Leere ist der Ort, in den alle Gedanken, alle Ängste, alle Trauer, aller Ärger, alle Sorgen und alle Missverständnisse verschwinden. Es ist der Ort, wo der Geist schließlich zur Ruhe kommt.
Du gelangst dorthin auf vielerlei Wegen.
Durch einen einsamen Spaziergang, durch Fahrradfahren, durch das Anhören einer CD, durch das Treiben auf einem Floß.
Manche Menschen benutzen Meditation und Gebet.
Vermeide also nicht die Leere. Fang an, sie zu lieben. Sie ist der Innere Raum der Göttlichkeit in dir.
Angst vor der Leere ist ganz natürlich, denn sie fühlt sich

an wie das Nichts, wie reine Abwesenheit. Aber hab keine Angst, denn dort findest du dein wahres Selbst.
Du bist nicht das, was du zu sein glaubst. Die »Dinge« des Lebens, einschließlich deines Körpers, sind nur Mittel, mit denen du erleben kannst, Wer Du Wirklich Bist.
Wenn du dich dieser Mittel bedienst, wirst du als Erstes entdecken, dass du nicht diese Werkzeuge bist, sondern sie nur *gebrauchst*.
Diese Erkenntnis wird alles in deinem Leben verändern.

Aber wie soll das geschehen? Ich höre, was du sagst, aber ich verstehe es nicht.

Du bist nicht dein Körper. Dein Körper ist etwas, das du hast, nicht jedoch etwas, das du bist. Er ist nicht von Dauer. *Du* bist unvergänglich, aber dein Körper ist es nicht.
Die meisten Menschen haben ein Gefühl der eigenen Unzerstörbarkeit, besonders in jungen Jahren. Sie haben das Gefühl, dass nichts ihnen etwas anhaben könnte. Sie fühlen sich unverletzlich und glauben, alles tun zu können. Und das stimmt! Es trifft jedoch nur auf das spirituelle Selbst zu, nicht auf die körperliche Gestalt.
Wenn du dies begreifst, kümmerst du dich mehr um deinen Körper als zuvor. Du weißt, dass er dir gegeben wurde, um ihn – wie alles im Leben – für eine gewisse Zeit zu benutzen. Er ist ein Geschenk. Du bist nicht der Körper, er wurde dir geschenkt. Und du fängst an, ihn wie ein Geschenk zu behandeln.
Gleichzeitig beginnst du, Beziehungen anders wahrzunehmen und alle anderen Menschen in deinem Leben als Geschenk zu betrachten (was sie auch tatsächlich sind). Sie helfen dir, in jedem Moment das Göttliche Sein zu er-

schaffen, das du beschlossen hast, in deinem Selbst und als dein Selbst zu erfahren.

Schließlich wird dir auch klar, welchen Zweck materieller Besitz in deinem Leben hat. Du fängst an zu verstehen, dass du in Wahrheit überhaupt nichts »besitzt«, sondern gewisse Dinge lediglich für einen kurzen Zeitraum »verwaltest«. Wenn du dich gut um sie kümmerst, kannst du sie genießen und viel Freude an ihnen haben.

Aber dann kommt irgendwann der Zeitpunkt, an dem du alles einfach loslässt, weil du weißt, dass es »dort, wo alles herkam, noch mehr gibt« und du dies alles *nicht* bist.

Du bist *nicht* das Geld oder der Job oder das Auto oder das wunderschöne Landhaus oder all der »Kram«, den du angesammelt hast. Das alles ist das, was es ist, und du bist »du«. Und du bist »du« unabhängig davon, ob du all diese Dinge hast oder nicht.

Diese Einsicht bedeutet ein großes Erwachen. Du beginnst, dein Leben auf neue Weise zu leben. Du hörst auf, immer mehr Dinge anzuhäufen, und beginnst eine spirituelle Suche, um immer mehr über »dich« zu erfahren – immer mehr davon, Wer Du Wirklich Bist.

Ich habe alle Bücher der Reihe *Gespräche mit Gott* gelesen. In allen taucht immer wieder der Ausdruck auf: »Wer Du Wirklich Bist«. Aber wer bin ich nun wirklich?

Sayaka, 18, aus Tokio, Japan

Du bist ein gesegnetes Wesen. Du bist kein »Ding« und von keinen »Dingen« abhängig, die du besitzt. Du bist ein spirituelles Wesen, und daher liegt für dich das größte Vergnügen darin, die Grenzenlosigkeit des »Seins« zu erfahren.

Das »Sein«, das du bist, ist Liebe. Du bist also das, was Liebe ist. Wenn du dieses »Sein« verkörperst, bist du so glücklich, wie du nur sein kannst.
Und wenn du nicht die Möglichkeit hast, dieses »Sein« auszudrücken, versinkst du in tiefe Traurigkeit.
Auf nichts anderes kommt es wirklich an. Nicht auf das, was du tust oder hast oder »in der Welt« bist. Dies alles hat keine grundlegende Bedeutung.
Liebe ist natürlich nur ein anderes Wort für Gott, beide Worte sind austauschbar. Das heißt, Wer Du Wirklich Bist ist der, der ich bin. Du bist ein Aspekt der Göttlichkeit, der sich durch dich selbst erfährt.

Wie kommt es, dass ich mich nicht so fühle? Warum wurstele ich mich so durchs Leben und bin oft nicht glücklich?

WEIL DU VERGESSEN hast, Wer Du Wirklich Bist und warum du hier bist. Vielleicht glaubst du, dass du von bestimmten »Dingen« abhängig bist und ohne sie nicht glücklich sein kannst.
Vielleicht identifizierst du dich so sehr mit deinem Schülersein, deinem Job, deinen Freunden, deinem Geld, deinem Auto oder deiner äußeren Erscheinung, dass du glaubst, du würdest dich auflösen, wenn es all diese »Dinge« nicht mehr gäbe.
Du befindest dich in einer Zeit der persönlichen Entwicklung, in der du nach einer eigenen Identität suchst. Wenn du nicht aufpasst, kann es passieren, dass du dich mehr mit diesen »Dingen« identifizierst als mit deinem Wahren Selbst.
Vielleicht glaubst du, dass du deine Haarfarbe bist oder

deine Kleidung oder dein Auto oder die Gruppe, mit der du abhängst, und dass all diese »Dinge« *eine Aussage darüber machen, Wer Du Bist.*

Solltest du dies alles tatsächlich glauben, dann überrascht es nicht, dass du oft unglücklich bist, denn all diese Dinge sind nicht notwendig, um dein Wahres Selbst zu erfahren – und *nur um dieser Erfahrung willen bist du hier.*

Die Äußerlichkeiten, mit denen du dich umgibst, sind vielleicht ein Ausdruck deiner jugendlichen Rebellion, aber sie haben nichts mit der wahrhaftigen Offenbarung deines innersten Kerns zu tun.

Es spricht nichts dagegen, dass du Spaß und Freude an den Dingen des Lebens hast. Aber verwechsle sie nicht mit Wer Du Bist. Denk immer daran, dass es keinen Spaß macht, sich selbst in den Äußerlichkeiten zu verlieren und Wer Du Wirklich Bist hinter einer Maske von Gleichgültigkeit und Wut, einer Fassade von Feindseligkeit und Gefühllosigkeit zu verbergen.

Anstatt unglücklich und frustriert darüber zu sein, »wie die Dinge laufen«, kannst du dich dafür entscheiden, diese Dinge auf positive Weise auszudrücken. Du hilfst dadurch anderen, ihre Glaubenssysteme zu verändern, sodass deine Lebensumstände sich immer mehr verbessern.

Verurteile und verdamme niemanden, und auch keine Umstände, die dir auf der Bühne des Lebens begegnen. Schreib lieber ein neues Stück, in dem du gleichzeitig Regisseur und Hauptdarsteller bist.

11

Erfolg

Ich habe das Gefühl, dass ich überall erfolgreich sein muss. Meine Eltern scheinen sich nichts sehnlicher zu wünschen. Aber was ist »Erfolg«?

Sam, 15, aus Palm Springs, Kalifornien

Du stellst damit eine der wichtigsten Fragen überhaupt, Sam, aber nur du kannst sie beantworten. Allein schon diese Feststellung ist eine entscheidende Aussage. *Nur du kannst die Frage beantworten, Sam. Lass also nicht zu, dass andere Menschen sie für dich beantworten.*

Die größten Maßstäbe für Erfolg sind in eurer Welt zurzeit Produktivität, Ansehen und Besitz.

Wer in diesem System die größte Produktivität entfaltet, die meisten Menschen für sich einnehmen kann und am meisten besitzt, gewinnt. Kennst du den Witz: »Wer mit den meisten Spielsachen stirbt, hat gewonnen«? Für viele Menschen ist das überhaupt nicht lustig.

Sind Produktivität, Ansehen und Besitz auch deine Erfolgsmaßstäbe?

Ich weiß nicht. Manchmal habe ich das Gefühl, sie sollten es sein, weil die Gesellschaft es so will. Besonders meine Eltern scheinen diese Vorstellungen von Erfolg zu haben.

Wenn du diese Maßstäbe übernimmst, dann ackerst du dich dein Leben lang ab, immer mehr zu haben und immer mehr zu erreichen.
Geld wird für dich eine wichtige Rolle spielen, denn es ist der Maßstab dafür, wie produktiv du bist, wie viel Besitz du erwerben kannst und – nicht zu unterschätzen – wie angesehen du bist.
Dir sollte klar sein, dass dies zu endlosen und sinnlosen Konkurrenzkämpfen führen kann – nicht nur mit anderen Menschen, sondern auch in dir selbst. Vielleicht spürst du auch, dass du deine Produktivität *ständig steigern* musst, um weiterhin Anerkennung zu finden.
Die Noten, die du in der Schule bekommst, sind nie ausreichend. Immer sollst du noch besser abschneiden. Und wenn du zwei Einser hast, sollst du im nächsten Zeugnis vier haben. Es hört nie auf. Ständig ist der Druck da, mehr und mehr und mehr zu produzieren.
(Manche Eltern belohnen ihre Kinder sogar mit materiellen Dingen, wenn sie immer mehr Einser nach Hause bringen. Auf diese Weise zementieren sie die unheilvolle Verbindung zwischen Produktivität, Besitz und »Erfolg«.)
Diese Betonung der Produktivität – mit dem Schwerpunkt auf dem *Tun* anstatt auf dem *Sein* – kann eine unglaubliche Belastung sowohl für den Einzelnen als auch für ganze Unternehmen darstellen und das gesamte Umfeld negativ beeinflussen.

Viele Menschen und viele Firmen scheinen das aber noch nicht bemerkt zu haben.

Das kommt daher, weil das »erfolgreiche Agieren« der Menschen in der gegenwärtigen Welt nur eine moderne

Version dessen ist, was schon eure Vorfahren in der Vergangenheit getan haben. Wenn ihr weiterhin diesen Weg beschreitet, wird weiterhin *Quantität* und nicht *Qualität* der Maßstab eures Erfolges sein. Und *diese Entscheidung wird euer Leben prägen*.

Mir ist es nicht so wichtig, wie viel ich »produziere«, ich möchte eher, dass die Menschen mich mögen.

WENN FÜR DICH Popularität der Maßstab des Erfolgs ist, dann wirst du immer darauf bedacht sein, von anderen anerkannt zu werden. Du wirst nicht darauf achten, dass du in diesem Prozess dein Selbst und deine Individualität verlierst. Was von dir übrig bleibt, wird »populär« werden und breite Anerkennung finden. Mit diesem begrenzten Teil von dir wirst du dann das erreicht haben, was du »Erfolg« nennst. (Einige Politiker fallen in diese Kategorie, genauso wie manche Unterhalter, die nicht mehr sagen, was sie wirklich denken, und nicht mehr das tun, was sie wirklich könnten, nur um ihr Publikum zu halten.)

Was spricht dagegen, wenigstens ein paar schöne Dinge im Leben haben zu wollen?

BESTIMMTE DINGE HABEN zu wollen, ist ein normaler und durchaus gesunder Aspekt des Lebens. Wenn du jedoch Besitz zur Definition von Erfolg machst, wirst du versuchen, dir so viele »schöne Dinge« wie nur möglich anzuschaffen – das größte Haus, das auffälligste Auto, die besten Sitze im Fußballstadion und so weiter. Und du wirst immer darauf achten, dass andere deinen vermeintlichen »Erfolg« auch mitbekommen und gebührend würdigen.

Du wirst die alte Weisheit ignorieren, die da lautet: »Die besten Dinge im Leben sind kostenlos.« Stattdessen wirst du dein ganzes Leben lang hart arbeiten, um genug Geld zu machen, damit du dir all deine glitzernden Besitztümer leisten kannst. Und dann wirst du sagen, dass dein Leben ein »Erfolg« ist.

Das klingt aber nicht nach mir. Mit mir hat das alles nichts zu tun.

NUN GUT, SAM, du kannst dich für andere Erfolgsmaßstäbe entscheiden.

Für welche zum Beispiel?

DU KANNST ETWAS tun, das dir am Herzen liegt; etwas, in das du dich stundenlang »verlieren« kannst; etwas, das du *für nichts* tun würdest, ohne überhaupt einen Gedanken daran zu *verschwenden*, ob du damit Geld verdienen kannst. *Du ergreifst einfach die Chance und tust es.*

Ja, *das* klingt nach mir!

ALSO DEFINIERE »ERFOLG« als die Möglichkeit, das zu tun, was du liebst.

Mein Vater würde jetzt sagen, dass ich davon aber nicht leben kann.

NUN, DU HAST die Chance, zu denen zu gehören, die mutiger sind.

Wow.

Ja, wow.
Und so sollte sich Erfolg anfühlen. Erfolg sollte sich wie »wow« anfühlen und nicht wie »puuh«.
Du solltest ausrufen können: »Ja, das bin ich!«

Aber dennoch muss ich mit irgendetwas Geld verdienen, oder?

Erinnerst du dich daran, was ich weiter vorne gesagt habe?
Erfolg hat viele Formen.
Hör zu, natürlich kannst du auch die gängigen Erfolgsmaßstäbe übernehmen. Aber schau dir genau an, ob sie anderen Menschen wirklich gedient haben.
Hat die Menschheit einen wirklichen Nutzen aus ihnen gezogen?

Nein. Und ich kenne keinen, der das glaubt.

Für sich betrachtet, halten nur wenige Menschen diese Maßstäbe für gut, aber *auf kollektiver Ebene* stimmen ihnen fast alle Menschen zu. Zumindest akzeptieren sie sie stillschweigend, was auf das Gleiche hinausläuft.

Warum tun sie das? Warum stimmen sie Dingen in der Masse zu, die sie individuell eher ablehnen?

Man nennt dieses Symptom »Herdenmentalität«. Es ist einfacher, der Herde zu folgen, als in die andere Richtung zu laufen. Dass die Herde auf einen gefährlichen Abgrund zusteuert, ist dabei nebensächlich – es wird noch nicht einmal bemerkt.

Können wir verhindern, dass die Herde auf die sichere Katastrophe zusteuert?

Ja, das könnt ihr zweifellos. Deshalb habe ich am Anfang geschrieben, dass dieses Buch dazu da ist, die Hoffnungslosigkeit zu beenden.
Als Erstes könnt ihr euch selbst als Individuum neu bestimmen. Der zweite Schritt liegt darin, euch als Gesellschaft neu zu definieren, und der dritte führt zu einer neuen Definition von »Erfolg«.
Ihr könnt dem Leben einen neuen Sinn und eine neue Richtung geben.

Das ist es, was ich möchte! Ich möchte dem Leben einen neuen Sinn geben. Ich möchte »Erfolg« neu definieren!

Einige Menschen tun dies bereits, und du kannst es ebenfalls tun. Wenn es genug von euch tun, kann das gesamte »System« radikal verändert werden.

Möchtest du, dass wir das tun?

Es gibt nichts, was ich von euch möchte. Ich habe in dieser Hinsicht keine besonderen Vorlieben. Eure Vorstellung, dass Gott immer etwas von euch will, hat euch in ganz schöne Schwierigkeiten gebracht.
Ich stelle keine Forderungen. Ich beobachte nur.
Denk immer daran: *Gott stellt keine Forderungen, sondern beobachtet nur.*

Ich habe das Leben als einen Prozess erschaffen, der es dir erlaubt, das zu tun, was du tun willst, und das zu erfahren, wofür du dich entschieden hast. Es geht immer nur um die freie Wahl.
Durch das, was du tust, bist und hast, entscheidest du in jedem Moment, Wer Du Bist. Ich habe dies schon oft gesagt und ich werde es noch oft wiederholen, sodass du immer daran denkst – und dich dadurch immer daran erinnerst, Wer Du Bist.
Wenn du dich dafür entscheidest, »das herrschende System« auf den Kopf zu stellen und dein Leben von Grund auf zu verändern, dann gibt es viele Wege, dies zu tun.
Eine Möglichkeit besteht darin, dein Denken über »Erfolg« zu verändern. Bestimme für dich den »Sinn des Lebens« neu. Entscheide dich dafür, dass er nichts mit Produktivität, Popularität und Besitztümern zu tun hat. Richte dein Leben nach den drei Grundprinzipien eines ganzheitlichen Lebens aus:

1. Gewahrsein
2. Ehrlichkeit
3. Verantwortlichkeit

Was meinst du mit »ganzheitlichem Leben«?

Ich meine damit, dass du mit deinem ganzen Wesen leben sollst. Ganzheitliches Leben erstreckt sich auf die gesamte Person. Es bezieht Körper und Geist und Seele mit ein und hat Vergangenheit, Gegenwart und Zukunft im Blick. Wer nach ganzheitlichen Prinzipien lebt, der lässt sich vollständig auf das Leben ein und damit auf das, was er oder sie authentisch in diesem Moment sein will. Es bedeutet, sich darüber bewusst zu sein, für was man sich

entscheidet, ehrlich bei der Entscheidung zu sein und die volle Verantwortung für die Entscheidung zu übernehmen.
Auf diese Weise zu leben basiert auf einer anderer Definition von »Erfolg«. Interessant an der ganzen Sache ist, dass viele Menschen, die nach diesen Prinzipien leben, auch größere Produktivität, größere Popularität und größere Besitztümer erlangen, jedoch nicht, *weil dies ihr eigentliches Ziel ist*. Es geschieht einfach automatisch. Es ist ein *Neben*-produkt und kein *End*-produkt, wenn man sich wirklich auf das Leben einlässt.

12
Liebe

Meine Freundin sagt, sie liebt mich, aber ich kann noch nicht sagen, ob ich sie liebe, und ich weiß nicht, warum. Wann ist die richtige Zeit gekommen, um »ich liebe dich« zu sagen?

Paul, 18

Es gibt keine falsche Zeit, um »ich liebe dich« zu sagen, Paul, und auch keine falsche Person, der man dieses Bekenntnis macht.
Wir werden gleich noch tiefer in dieses Thema einsteigen, aber zunächst möchte ich deine Frage etwas konkreter beantworten.
Es ist die »richtige« Zeit, um »ich liebe dich« zu sagen, wenn deine Worte nicht aus dem Kopf, sondern aus dem Herzen kommen. Wenn du keine Hintergedanken dabei hast und dir auch vorher nicht lange überlegst, wann du was sagst. Wenn du nicht mehr in deinen Gedanken, sondern absolut im Gefühl bist.
Denk immer daran: *Sag nur dann zu einem anderen Menschen »ich liebe dich«, wenn du es wirklich fühlst.*

Ja, das ist ein guter Merksatz.

Ich meine es wortwörtlich. Solange du dir den Kopf darüber zerbrichst, halt den Mund. Das soll dich aber nicht davon abhalten, *alle* Wesen in jedem Moment zu lieben. Lautlos, in der Stille deines Herzens. Ermögliche es der ganzen Welt, diese Liebe zu spüren.

Wenn du allen deine Liebe schenkst, wirst du schnell herausfinden, dass du den Wunsch hast, deine Liebe manchen Menschen in besonderer Weise auszudrücken, weil du besondere Gefühle für sie hast.

Es gibt drei verschiedene Ausdrucksformen, die deine Beziehungen prägen. Ihr Menschen habt sie »Eros«, »Phileo« und »Agape« genannt. Heutzutage versteht man darunter romantische Liebe, brüderliche oder familiäre Liebe und die universelle Liebe für Gott und die ganze Menschheit.

Diese drei »Arten« der Liebe unterscheiden sich nicht in ihrer »Quantität«, sondern es sind drei unterschiedliche »Variationen« der Liebe. Und diese unterschiedlichen Variationen erzeugen unterschiedliche Gefühle, die auf unterschiedliche Art ausgedrückt werden wollen.

Liebe kann man jedem mit der gleichen *Intensität* schenken. Sie kann ebenso stark für einen Bruder gefühlt werden wie für einen Ehemann oder die gesamte Menschheit. Es geht dabei nicht um Intensität und Stärke, sondern um Gefühle und ihren Ausdruck.

Was *ist* denn Liebe überhaupt?

Schon seit Jahrhunderten versuchen eure Dichter und Philosophen, Liebe zu definieren. Sie kommen der Wahrheit ziemlich nahe, wenn sie behaupten, dass man durch Liebe die Erfahrung der Dualität transzendieren kann.

Liebe ist die Erfahrung des Einsseins, der Einheit. Es gibt

keine Getrenntheit, nicht einmal den Gedanken daran. Die Vorstellung der Dualität wird zur Illusion, und die Vorstellung des Einsseins wird zur Realität.
Dies ist die letzte Wirklichkeit, in der die Dinge das sind, was sie wirklich sind. Ihr seid nicht voneinander getrennt und seid es nie gewesen. Liebe ist die menschliche Sehnsucht, diese Wahrheit zu beweisen und zu erfahren.
Du fühlst dann Liebe für dich und andere, wenn du weißt, dass alles miteinander verbunden und EINS ist.

Vielen Dank. Das, was du sagst, ist ziemlich inspirierend. Dennoch frage ich mich, woran ich erkennen kann, ob das Gefühl für meine Freundin Lust oder Liebe ist? Woher weiß ich, ob ich nur Sex mit ihr haben will oder ob mehr dahinter steckt?

WENN DU »NUR Sex« sagst, so klingt das, als ob das nicht ausreicht, als ob irgendetwas »falsch« daran sei. Diese Vorstellung gehört zum alten Denken, das ich weiter vorne erklärt habe. In diesem Denken ist Sex »nur um des Sex willen« schlecht und nicht in Ordnung. Ihr schämt euch, dass ihr solche Wünsche habt, und tut euch dadurch furchtbar unrecht. Auf diese Weise sind viele Neurosen entstanden und viele Schuldgefühle. Dabei handelt es sich nur um ein natürliches Verlangen. *Ich habe es euch eingepflanzt.*

Okay, aber wie kann ich nun zwischen Lust und Liebe unterscheiden?

SCHAU DIR DEINE Motive an, warum du bei deiner Freundin sein willst. Wenn dir auffällt, dass du die meiste Zeit,

die du bei ihr bist, nur daran denkst, Sex mit ihr zu haben, dann finde heraus, was dir das sagen will. Bezeichne deine Gefühle jedoch nicht als »schlecht«, sondern fühle sie einfach. Es ist einfach deine gegenwärtige Situation.
Sexuelle Energie und sexuelle Anziehung kann in jungen Jahren sehr stark sein. Es handelt sich dabei um einen ganz natürlichen Prozess. Das bedeutet nicht, dass sich alles nur noch um Sex drehen muss. Du tust gut daran, wenn du deine Gefühle genau beobachtest und tief in dich hineinhorchst, wenn du »ich liebe dich« sagst.

Was bedeuten die Worte »ich liebe dich«?

Für welche Bedeutung sich manche Menschen *entscheiden,* unterscheidet sich oft sehr stark von dem, was die Worte eigentlich bedeuten. Ich verstehe also, warum du verwirrt bist und nicht weißt, wann du sie aussprechen sollst.
Ein Großteil der Menschheit hat beschlossen, dass »ich liebe dich« bedeutet: »Ich gehöre dir« oder: »Ich besitze dich«.
Dies führt schnell zu folgendem Gedankengang: »Ich schulde dir etwas, und du schuldest mir etwas. Es ist nun meine Aufgabe, dich glücklich zu machen, und du musst von nun an für mein Glück sorgen.«
Dies ist nicht die wahre Bedeutung von »ich liebe dich«, sondern spiegelt nur wider, was viele Menschen mit diesem Bekenntnis verbinden. Aus diesem Grund wollen viele Menschen diese drei Worte immer wieder hören. Für manche ist es deshalb aber auch so schwer, sie auszusprechen, und fast alle haben große Schwierigkeiten, ihren gegenseitigen Ansprüchen tatsächlich gerecht zu werden.

Wenn also »ich liebe dich« dies alles nicht bedeutet, was bedeutet es dann?

»Ich liebe dich« bedeutet: »Der Gott in mir sieht den Gott in dir.«

Diese Aussage habe ich schon mal gehört. Bedeutet das Wort »Namasté« nicht das Gleiche?

Ja, das stimmt. Es ist eine andere Möglichkeit, »ich liebe dich« zu sagen.

Aber wir glauben, »ich liebe dich« bedeutet: »Ich bin bereit für mehr, für die nächste Ebene unserer Beziehung« und: »Du bedeutest mir mehr als alle anderen.«

Es kann in der Tat so etwas bedeuten, aber das hängt von deinen Gefühlen ab. Mach dir immer liebevoll klar: *Was* du fühlst und wie du *zeigst*, was du fühlst, ist je nach Beziehung unterschiedlich. Unterschiedliche *Arten* von Gefühlen sollten jedoch nicht verwechselt werden mit unterschiedlichen *Ebenen* des Fühlens.
Die Vorstellung, dass dir ein bestimmter Mensch mehr bedeutet als alle anderen, führt zu vielen Schwierigkeiten im Leben. Du scheinst dann mitzuteilen, dass du eine Person *mehr* liebst als alle anderen, obgleich deine Seele ausdrücken möchte, dass du diese Person nur *anders* liebst als andere Menschen. Es handelt sich lediglich um ein anderes Gefühl, das du in Bezug auf eine bestimmte Person hast.
In Wahrheit wurde dir die Fähigkeit in die Wiege gelegt, allen Menschen mit Liebe zu begegnen.

Warte bitte einen Moment. Meinst du, wir sollten eigentlich *alle Menschen* lieben?

Du »sollst« gar nichts. Warum solltest du irgendetwas »sollen«? Wer bestimmt das, was du sollst? Wer gibt dir irgendwelche Befehle? Die Antwort lautet: niemand.
Es geht also nicht darum, was du tun »sollst«, sondern was du in der Lage bist zu tun.
Du bist dazu fähig, alle Wesen gleichermaßen zu lieben. Nicht auf die gleiche Weise, aber mit der gleichen Intensität.
Ich verrate dir jetzt ein großes Geheimnis über die Liebe. Denk immer daran: *Liebe ist nicht abmessbar.*
Liebe ist nicht etwas, was du in unterschiedlicher Dosierung verteilen kannst.
Du kannst nicht den einen »ein wenig« und den anderen »ganz viel« lieben. Entweder du liebst jemanden oder du tust es nicht.
Ich möchte an dieser Stelle noch einmal betonen, dass es etwas anderes ist, *wie du deine Liebe zu verschiedenen Menschen empfindest*. Welchen *Ausdruck* diese Liebe findet, hängt von deinen Gefühlen ab. Aber die Liebe als solche lässt sich nicht abmessen.
Die meisten Menschen glauben allerdings, dass es Unterschiede im Lieben gibt und geben *sollte*, und das ist ein weiteres großes Missverständnis.

Du meinst, ich sollte meine Mutter nicht mehr lieben als einen Fremden auf der Straße? Und ich sollte auch meine Freundin nicht mehr lieben als andere Mädchen in der Schule?

Es geht – wie gesagt – nicht ums Sollen oder Nicht-Sollen. Streich dieses Vokabular am besten ganz aus deinem Wortschatz.
Es geht nur darum, dass du weißt, Wer Du Bist und wer alle anderen in Wirklichkeit sind.
Wer Du Bist ist Liebe. Du bist nichts anderes. Es ist die Energie, aus der du bestehst und die dich zusammenhält. (Vielleicht ist das auch der Grund, dass du »auseinander zu fallen« scheinst, wenn es dir nicht möglich ist zu lieben.)
Du bist Lebensenergie, durch die sich Gott ausdrückt und *verwirklicht*. Ein anderes Wort dafür ist Liebe.
Die Begriffe Gott, Leben und Liebe sind austauschbar. Du bist Gott bist Leben bist Liebe bist Gott bist Leben … und so weiter.
Es ist ein Kreis ohne Anfang und ohne Ende, und es ist alles das Gleiche.

Das heißt also, ich sollte alle Mädchen in der Schule genauso lieben wie meine Freundin?

Du »sollst« es nicht, aber du hast die Möglichkeit.

Meiner Freundin wird das nicht gerade gefallen.

Ich möchte dich an dieser Stelle erneut bitten, dich daran zu erinnern, dass ich nicht sage »in gleicher Weise« oder »mit dem gleichen Gefühl«. Ich sage lediglich, dass du alle Menschen »genauso sehr« lieben kannst, wenn du es willst.
Das ganze Leben beruht auf Schwingungen. Es besteht aus nichts anderem. Auch *du* bist Schwingung. Du kannst in

Harmonie mit anderen Schwingungen oder sogar synchron mit ihnen sein.
In Harmonie zu sein bedeutet, dass sich deine Schwingungen mit den Schwingungen von anderen Menschen vermischen. Ihr schwingt zur gleichen Zeit, aber auf verschiedene Weise, ihr seid *in Harmonie* miteinander.
Synchron zu sein bedeutet, dass du zusammen mit anderen Menschen auf die gleiche Art und Weise schwingst. Ihr seid *synchronisiert*.
Durch diese etwas metaphysische Betrachtungsweise wird deutlich, dass du unterschiedliche Gefühle zu verschiedenen Menschen haben kannst und sogar zu verschiedenen Zeiten unterschiedliche Gefühle zu ein und derselben Person.
Dies erklärt, was die meisten Menschen damit meinen, wenn sie sagen, dass sie eine Person »mehr« lieben als eine andere. Sie machen die Erfahrung, dass sie sie auf eine andere Weise lieben. Die Schwingung ist unterschiedlich.

Jetzt habe ich es verstanden.

WENN DU VOLL und ganz ausdrückst, Wer Du Bist, wirst du *alle* Menschen gleichermaßen lieben. Du wirst nicht die eine Person »mehr« lieben als die andere. Du wirst einfach nur deine Liebe auf unterschiedliche Weise ausdrücken.
Eltern, die mehr als nur ein Kind haben, sind in dieser Situation. Sie lieben nicht ein Kind mehr als das andere, sondern lieben alle ihre Kinder gleichermaßen. Großeltern verhalten sich so gegenüber ihren Enkeln, und Gott setzt sich auf diese Weise zu allen Menschen in liebende Beziehung.
Dies alles wird bedingungslose Liebe genannt.

Eigentlich ist Liebe – laut ihrer Definition – bedingungslos. Alles andere ist keine Liebe, sondern bloßes Eigeninteresse. Wirkliche Liebe geht über dieses Eigeninteresse hinaus.
Sie ist die Erfahrung des Selbst, das in allen anderen einen Teil von sich sieht. Du liebst dann bedingungslos, wenn du alle anderen als einen Teil von dir selbst betrachtest. Auf diese Weise wird die Einheit allen Seins in der einen bedingungslosen Liebe ausgedrückt.

Wie kann ich so tun, als gäbe es keinen Unterschied zwischen mir und einer anderen Person, wenn dieser Unterschied da ist?

NIEMAND SAGT, DASS es keinen Unterschied zwischen dir und einer anderen Person gibt. Hier geht es darum, dass es *kein Getrenntsein* gibt.
Dein kleiner Finger unterscheidet sich vom Daumen, und dennoch gibt es kein Getrenntsein. Beide sind Teil derselben Sache, die du deine »Hand« nennst, die wiederum ein Teil von deinem »Körper« ist.
In genau der gleichen Weise sind alle Menschen Teil *meines* Körpers. Um deine Göttlichkeit erneut zu erfahren, musst du dich nur daran erinnern, Wer Du Bist. Das heißt, du musst *wieder zu einem Glied* am Körper Gottes werden.
Wenn du also nicht alle Menschen liebst, triffst du damit die Entscheidung, einen Teil von *dir* nicht zu lieben.

Auf einer bestimmten philosophischen Ebene ist das alles sehr interessant, aber was hat das mit mir und meiner Freundin zu tun?

LIEBE *ALLE* MENSCHEN so sehr, wie du deine Freundin liebst, und beobachte, wie sich dein Leben verändern wird. Zeig deine Liebe auf verschiedene Weise, aber liebe alle Menschen gleichermaßen, und du wirst die Welt verändern.
Nichts anderes haben Jesus und Buddha und Krishna und Mohammed getan.

Aber ich bin nun mal kein Gott…

DOCH, DU BIST es. Das versuche ich dir schon die ganze Zeit ans Herz zu legen. Aber auch »normale Menschen« haben so etwas getan. Mutter Theresa zum Beispiel oder Gandhi oder Martin Luther King.

Ich bin aber auch kein Heiliger.

DU BIST DER, für den du dich hältst. Wenn du behauptest, kein Heiliger zu sein, dann bist du es auch nicht – durch deine eigene Definition. Für mich bist du ein Heiliger, denn ich habe *nur* Heilige erschaffen.

Um noch einmal auf meine ursprüngliche Frage zurückzukommen: Kann ich nun zu meiner Freundin »ich liebe dich« sagen oder nicht?

DENK AN DIE drei Grundprinzipien eines ganzheitlichen Lebens, die ich bereits erwähnt habe:
1. Gewahrsein
2. Ehrlichkeit
3. Verantwortlichkeit
Wenn du bewusst in der Gegenwart lebst, wirst du nicht

nur wissen, was *du* mit »ich liebe dich« ausdrücken willst; dir wird ebenfalls klar werden, welche Bedeutung die meisten Menschen mit diesem Bekenntnis verbinden. Wenn du nicht das ausdrücken möchtest, was *sie* mit diesen Worten meinen und bezwecken, dann schau, ob es für dich überhaupt sinnvoll ist, sie zu benutzen.
Denk daran: Die meisten Menschen verbinden deine Worte mit der Bedeutung, die *sie* diesen Worten geben.
Es ist nicht sehr wahrscheinlich, dass du das Gleiche meinst, aber die meisten Menschen sind davon überzeugt. Es ist wichtig, sich dies immer wieder vor Augen zu führen.
Viele Menschen machen sich diese Unklarheit zunutze. Sie bringen andere Menschen dazu, *das zu denken, was sie selbst denken*, auch wenn ihnen klar ist, dass die andere Person eigentlich etwas völlig anderes will. Diese Vorgehensweise nennt man »Manipulation«.
Wenn du es einer anderen Person willentlich erlaubst, etwas zu denken, das du mit deinen Worten nicht beabsichtigt hast, so ist dies eine Form von Lüge. Für viele ist dies sogar die schlimmste Art zu lügen, weil du nicht offen die Unwahrheit sagst, sondern es anderen lediglich erlaubst, unwahre Schlüsse zu ziehen.
Wenn du auf der Grundlage von Ehrlichkeit lebst, ist dir so ein Verhalten nicht möglich. Du kannst nicht etwas sagen, wenn du bereits weißt, dass dein Gegenüber deine Worte sehr wahrscheinlich in den falschen Hals bekommen wird. Wenn du also ehrlich »ich liebe dich« zu deiner Freundin sagen kannst, obwohl du weißt, was *sie mit deinen Worten verbindet*, dann sag es meinetwegen. Wenn du es nicht kannst, dann lass es bleiben.

Wie kann ich wissen, was sie mit meinen Worten verbindet?

Du könntest sie einfach fragen.
Außerdem könntest du »ich liebe dich« zu ihr sagen und ihr erklären, was diese Worte für dich bedeuten. Klärt die Unterschiede in euren Interpretationen, falls sie vorhanden sein sollten.

* * *

In der Bibel steht, dass wir unsere Feinde lieben sollen. Wie kann das ein gewöhnlicher Mensch tun? Ich verstehe ja, dass Heilige so etwas können, aber sind auch Normalsterbliche dazu in der Lage?

Maria, 14, aus Madrid, Spanien

Der erste Schritt, um fähig zu werden, alle Menschen – einschließlich deiner »Feinde« – zu lieben, besteht darin, bei sich selbst anzufangen. Du kannst niemand anderem etwas geben, was du dir selbst nicht gibst.
Wenn du dich selbst nicht bedingungslos liebst, kannst du auch niemand anderen bedingungslos lieben.
Denk immer daran: *Du kannst niemandem etwas geben, was du selbst nicht hast.*
Liebe daher dein Selbst in jedem Moment. Betrachte dein Selbst als vollkommen – genauso wie du gerade bist. Gott sieht dich so und nicht anders.
Damit Gott dich liebt, musst du nicht abnehmen, deine Gewohnheiten oder deinen Lebensstil ändern, bessere Noten kriegen oder sonst irgendetwas tun oder verändern. Glaub mir, du bist vollkommen liebenswürdig, so wie du bist.

Denk immer daran: *Du bist vollkommen liebenswürdig, so wie du bist.*
Diese Gewissheit wird dein Leben verändern.
Wenn du fest daran glaubst, wirst du das Leben von anderen Menschen ebenfalls verändern.
Dies wird geschehen, weil du das wirst, was du denkst.
Wenn du dich bedingungslos liebst, gibst du deinem Selbst die Möglichkeit, auch alle anderen zu lieben. Und das wird die Welt verändern.

Wer will schon »die Welt verändern«? Ich bin voll damit beschäftigt, gut durch die Woche zu kommen.

Es ist möglich, beides gleichzeitig zu tun.

Wie kann ich mich selbst lieben, wenn mir so viel an mir nicht gefällt?

Nicole aus Montreal, Kanada

Vielleicht sind die Dinge, die du an dir nicht magst, gerade deine besten Eigenschaften?

Meine Fehler sollen das Beste an mir sein?

Ja, es sind deine besten Charakterzüge – nur ist die »Lautstärke« vielleicht zu hoch.

Das verstehe ich nicht.

Der Teil von dir, den andere »spontan« nennen, ist derselbe Teil, den sie als »unverantwortlich« bezeichnen, wenn die Lautstärke zu hoch ist.

Der Teil von dir, den andere »mutig« nennen, ist derselbe Teil, den sie als »tollkühn« bezeichnen, wenn die Lautstärke zu hoch ist.
Der Teil in dir, den andere »vertrauenswürdig« nennen, ist der gleiche Teil, den sie »egozentrisch« nennen, wenn die Lautstärke zu hoch ist.
Deine »schlimmsten Fehler« sind letztlich deine *höchsten Qualitäten,* ihre Lautstärke ist einfach nur zu hoch, sodass niemand mehr deine »Musik« genießen kann.
Die Dinge, die Menschen an dir lieben, sind dieselben Dinge, die sie an dir kritisieren, wenn sie das Gefühl haben, dass es ihnen zu viel wird.
Sie mögen deine Fähigkeit, zu schnellen Entscheidungen zu kommen, aber wenn du sie zu oft triffst und zu viel Aufhebens davon machst, bezeichnen sie dich als »herrisch«.
Sie bewundern dich für deine unglaubliche Fähigkeit, Probleme zu lösen, aber wenn du dich damit zu sehr einmischst und zu viel Aufhebens davon machst, sagen sie, dass du immer nur dein »eigenes Ding durchziehen« willst.
Sie lieben an dir deinen Sinn für Humor, aber wenn du ihn zu oft gebrauchst und zu viel Aufhebens davon machst, werfen sie dir vor, »flatterhaft« und »niemals ernsthaft« zu sein.
Es ist immer derselbe Charakterzug, den Menschen an dir lieben oder kritisieren. Für welche Seite sie sich entscheiden, hängt einzig und allein von deinem »Lautstärkepegel« ab.

So habe ich das noch nie gesehen.

Das Spannende daran ist, dass du nicht das Geringste verändern musst, um liebenswert zu sein.

Du musst keinen Teil in dir verleugnen oder verdammen. Du musst keinen Aspekt von dir »negativ machen« oder loswerden wollen.
Du musst nur dein Leben ein wenig genauer unter die Lupe nehmen und beobachten, welche deiner Eigenschaften von Zeit zu Zeit »auftauchen« und wie viel Raum du ihnen zur Verfügung stellen willst. Du musst dich lediglich entscheiden, welche »Lautstärke« du ihnen gibst. Verstehst du, was ich meine?

Ja, ich kapier's total!

GUT. ES IST wichtig, sich diese Zusammenhänge zu merken. Dieselben Dinge, die andere »falsch« an dir finden, bewundern sie, wenn sie sie zu einer anderen Zeit und auf einer anderen Energieebene erleben.
Wenn dir dies bewusst ist, kannst du dein ganzes Selbst wieder so lieben, *wie du es getan hast, als du noch ein Kind warst*. Das bedeutet eine große Befreiung und ist ein wunderbarer Moment der Selbsterneuerung, der dir die Möglichkeit schenkt, »dich« an dich selbst zurückzugeben.

Vielleicht lese ich aus diesem Grund gerade dieses Buch – damit ich das verstehe.

ES KÖNNTE TATSÄCHLICH SO sein.
Ich verrate dir jetzt einen Trick. Er besteht darin, »in Bewusstheit zu wandern«, das heißt, in jedem Moment dafür offen zu sein, dem Leben das Geschenk Wer Du Bist zu geben.
Schau, welcher Teil deines Geschenks oder welche Dosis

den Augenblick beleben oder irgendwie verbessern würde, und achte auch darauf, welche Aspekte leiser gestellt werden sollten.
Und denk daran, dass es Momente gibt, wo dein größtes Geschenk darin besteht, anderen den Raum zur Verfügung zu stellen, den sie brauchen, damit sie *ihr* Geschenk einbringen können. Du lernst dadurch, anderen die Möglichkeit zu geben, sich »voll zu entfalten« – selbst dann, wenn du das Gefühl hast, du könntest es besser.
Denk immer daran: *Manchmal ist Stille das größte Geschenk, das du geben kannst.*

Vielen Dank für deine Worte. Dies ist ein großartiges Gespräch geworden.

NICHTS ZU DANKEN. Ich bin froh, dass wir uns auf diese Weise miteinander unterhalten können.

* * *

Warum tut es immer so weh, einen anderen Menschen zu lieben? Ich kann nicht länger ertragen, dass etwas so wehtut, das einen doch glücklich machen sollte.

Tiffany, 18

ES MUSS NICHT wehtun, jemanden zu lieben, Tiffany, aber wenn man »Liebe« mit »Bedürftigkeit« verwechselt, läuft es fast immer darauf hinaus.
Viele Menschen glauben, Liebe sei eine Antwort auf das Bedürfnis nach Erfüllung. Mit anderen Worten: Wenn du meine Bedürfnisse erfüllst, liebe ich dich.
Ich kann nachvollziehen, woher die Menschen diese Vorstellung haben, denn ihnen wurde erzählt, dass Gott sich

so verhält. Du erfüllst Gottes Erwartungen und Bedürfnisse, und Gott liebt dich dafür. Wenn du es nicht tust, liebt er dich nicht.
Mit mir hat das alles nichts zu tun, aber man hat euch *beigebracht*, so zu denken. Und was ihr einmal verinnerlicht habt, lässt sich nicht ignorieren und ist nur schwer wieder zu erschüttern.
Daher möchte ich an dieser Stelle näher auf das eingehen, was man euch über mich erzählt hat.
Gott braucht und verlangt nichts von euch. Ich bin nicht davon abhängig, dass ihr mich anbetet, und ihr müsst mir auch nicht gehorchen. Ich verlange nicht, dass ihr auf eine bestimmte Weise zu mir kommt, um von mir Erlösung zu empfangen.

Dann ist Religion ja eigentlich überflüssig.

TUT MIR LEID, aber so ist es nun mal.
Gott umfasst alles, Alpha und Omega, den Anfang und das Ende. Gott ist die unverursachte Ursache, der einzige Ursprung und Alles Was Ist.
Es gibt nichts, was ich nicht bin, und was ich nicht bin, existiert nicht. *Definitionsgemäß* brauche ich also nichts.
Denk immer daran: *Gott braucht nichts.*
Wenn es nichts gibt, was ich brauche, gibt es auch keinen Grund, euch für das zu bestrafen, was ihr mir nicht gebt. Mir ist es egal, wie oft du an mich denkst oder wie du mich anbetest oder zu mir kommst. Ich habe es noch nicht einmal nötig, dass du an meine Existenz glaubst oder überhaupt irgendetwas mit mir zu tun hast. Und ich werde dich nicht mit ewigen Höllenfeuern bestrafen, wenn du nichts mit mir zu tun haben willst.

Ich habe das alles bereits in Kapitel 10 erklärt, aber ich wiederhole es an dieser Stelle für den Fall, dass du noch nicht alle Zusammenhänge verstanden hast oder es einfach noch nicht richtig glauben konntest.
Aber es ist die Wahrheit.

Was hat das alles mit Liebe zu tun?

EINE GANZE MENGE. Die Menschen lieben so, wie sie lieben, weil sie glauben, dass Gott auf diese Weise liebt. Ihr haltet Liebe für eine Göttliche Antwort darauf, dass bestimmte Erwartungen erfüllt sind, aber das ist nicht der Fall.
Liebe ist keine Antwort, sondern eine Entscheidung.
Morgan Scott Peck hat vor ein paar Jahren ein Buch geschrieben mit dem Titel *Der wunderbare Weg,* und ich habe ihn dazu inspiriert. Ich bin froh, dass er dieses Buch geschrieben hat, denn es beinhaltet eine große Wahrheit, die die meisten Menschen nicht verstehen.
Die meisten Menschen glauben, Liebe sei eine Antwort auf irgendetwas. Und dieses falsche Verständnis entspringt ihren Vorstellungen darüber, wie und warum ich euch liebe.
Ich liebe dich nicht für das, was du für mich tust. Ich liebe dich für das, was du bist.
Einfach nur für das, Was Du Bist.
Begreifst du, was ich damit meine? Meine Liebe ist keine Reaktion, sondern eine Entscheidung.

Ja, das kann ich nachvollziehen. Aber heißt das, wir können nichts tun, um uns deine Liebe zu verdienen?

IHR MÜSST EUCH nicht erst verdienen, was ihr bereits besitzt.
Muss sich eine Rose erst den Regen verdienen?
Muss Eiskrem sich eure Liebe »verdienen«?
Eine Tüte Eiskrem tut nichts, um von euch geliebt zu werden. Sie ist einfach nur das, was sie ist. Allein aus diesem Grund liebt ihr sie.
Stellt euch vor, ihr seid Gottes Nachtisch.

Das ist ein guter Vergleich, der gefällt mir.

DAS FREUT MICH.
Du weißt jetzt, dass ich dich einfach liebe, weil du das bist, was du bist. Du musst nichts tun, um dir meine Liebe zu »verdienen«. Ich brauche nichts von dir, sondern biete dir ein neues Modell der Liebe an. Liebe gibt sich selbst *ohne Grund*. Sie ist kein Lohn und kein Bestechungsgeld für etwas, was du dir erhoffst.
Wahre Liebe basiert auf einer Entscheidung, die du darüber triffst, wie du dich gegenüber einer anderen Person verhältst. Wenn sie nur eine Antwort auf das ist, was der andere tut, ist es keine Liebe, sondern nur eine vorgetäuschte und situationsabhängige Emotion.
Wenn du dich dafür entscheidest, jemanden zu lieben, bevor du weißt, wie eure Kommunikation und eure Beziehung überhaupt aussehen wird, so ist das eine sehr grundlegende Entscheidung. Sie führt automatisch dazu, dass sich deine Schwingung erhöht. Du fängst dann tatsächlich an, auf einer höheren Frequenz zu schwingen.
Das Gefühl der Liebe strahlt von dir ab wie Sonnenstrahlen. Die Menschen fühlen sich in deiner Gegenwart wohl und haben wunderbare Gefühle über dich.

Plötzlich erhöhen sich *ihre* Schwingungen, und euer Energiefeld ist in Harmonie oder sogar synchron.
Dann beginnt das Herz zu flimmern und Funken zu versprühen...

Aber wie kann ich mich dafür entscheiden, jemanden zu lieben, bevor ich ihn überhaupt kenne?

LIEBST DU ANDERE Menschen auf Grund dessen, was *sie* sind oder was *du* bist?

Das ist keine leichte Frage.

DU HAST RECHT. Aber wie lautet deine Antwort?

Ich liebe sie, weil sie so sind, wie sie sind, nehme ich mal an.

DANKE, DASS DU ehrlich bist. Nun musst du nur den Grund verändern, warum du sie liebst. Wenn du andere liebst auf Grund dessen, was *du* bist, dann bringst du damit zum Ausdruck, dass du nichts von ihnen brauchst und deine Liebe nicht auf dem beruht, was du dir von ihnen versprichst.

Aber ich brauche etwas von den Menschen, die ich liebe. Ich kann nicht sagen, dass ich nichts brauche, ich brauche wirklich etwas.

NEIN, DU BRAUCHST nichts. Du glaubst nur, dass du etwas brauchst. Um vollkommen glücklich zu sein, brauchst du nichts von irgendeiner anderen Person. In vielen Augenblicken deines Lebens warst du bereits glücklich, ohne auch nur die Hälfte der Menschen getroffen zu haben, die du jetzt kennst.

Ja, aber seitdem ich sie kenne, kann ich nicht mehr ohne sie leben. Besonders nicht mehr ohne bestimmte Menschen und schon gar nicht ohne »den Einen«!

DAS STIMMT NICHT, aber wenn du es glaubst, scheint es für dich real und wahr zu sein. Dieser Glaube wird dich schließlich unglücklich machen. Zuerst wirst du dir einreden, das du ohne eine andere Person nicht glücklich sein kannst, dann wird es dir nicht ausreichen, dass diese Person einfach nur in deinem Leben ist. Du willst, dass sie *auf eine bestimmte Weise* in deinem Leben ist. (Sie muss also dein fester Freund oder deine feste Freundin sein, und ihr müsst eine »enge« Beziehung zueinander haben.)
Wenn das geschehen ist, wirst du zu dem Schluss kommen, dass du mit dieser Person *eine bestimmte Zeit* verbringen willst, um glücklich zu sein – zum Beispiel jeden freien Moment, den du hast.
Bald darauf stellst du dir vor, dass du nur dann glücklich bist, wenn diese Person *die ganze Zeit über* in deinem Leben ist. Du hörst dich vielleicht sogar sagen, dass du ohne diese Person »sterben« würdest. Natürlich meinst du das nicht wirklich. Du willst damit nur sagen, dass ein großer Teil von dir »sterben« würde, wenn diese Person nicht mehr in deinem Leben wäre.
Das Faszinierende daran ist jedoch Folgendes: Um zu gewährleisten, dass *nicht* ein großer Teil von dir stirbt, wenn du ohne diese Person wärst, wirst du einen großen Teil dieser Person *abtöten*.

Du wirst ihre Seele töten.
Du wirst sie so mit deiner Liebe und deiner Bedürftigkeit nach *ihrer* Liebe ersticken, dass sie würgt und hustet und dich schließlich ausspeien muss, um zu überleben.
Sie wird dich verlassen, was sehr traurig ist, denn sie hat dich wirklich gern und hätte dich auch wirklich lieben können – aber sie wurde einfach deinen Erwartungen nicht gerecht.

Du scheinst mich durchschaut zu haben.

Darauf kannst du wetten! Aber das ist nicht der Grund, warum ich dies weiß. Leider erfährt ein Großteil der Menschheit Liebe auf diese Art und Weise. Die Ursache dafür liegt darin, dass ihr »Liebe« mit »Bedürftigkeit« verwechselt.
Aber ich habe auch eine gute Nachricht. Denk immer daran: *Du brauchst nichts von außen, um glücklich zu sein.* Ich weiß, dass ihr glaubt, dass es Gründe für euer Glück gibt, aber es gibt sie nicht. *Diese Annahme ist eine der grundlegendsten Illusionen der Menschen.*
Die Illusion besteht darin, dass es so etwas wie Bedürftigkeit gibt und du jemanden oder etwas von außen brauchst. Wenn du immer noch denkst, dass du von äußeren Dingen abhängig bist, mach bitte die folgende Übung:

1. Erstell eine Liste der Menschen, Situationen und Dinge, die du vermeintlich brauchst, um glücklich zu sein.
2. Denk nun an eine Zeit, als du all das nicht gehabt hast und dennoch glücklich warst.
3. Nun frage dich: »Warum glaube ich, dass mein Glück von einer bestimmten Person, einer bestimmten Situation oder bestimmten Dingen abhängig ist?«

Wenn du ehrlich zu dir bist, weißt du, dass dein Glück von nichts und niemandem abhängig ist. Du magst es *vorziehen*, dein Glück an bestimmte äußere Bedingungen zu knüpfen, aber es hängt nicht von ihnen ab.
Verwechsle daher eine *Vorliebe* nicht mit einer *Voraussetzung*.

* * *

Immer wenn ich eine neue Freundin habe, bringt sie mich von »meinem Kurs« ab. Ich meine, ich habe bestimmte Sachen in meinem Leben vor, aber wenn ich eine feste Beziehung zu einem Mädchen eingehe, fange ich immer an, mich nach ihr zu richten und in eine Richtung zu gehen, die sie für uns beide bestimmt, wodurch ich meine eigenen Ziele aus den Augen verliere. Was bedeutet das?

W., 19, aus Baton Rouge, Lousiana

DAS BEDEUTET, DASS du Angst hast, mein Freund. Schlicht und einfach Angst. Du hast Angst davor, dass deine momentane Freundin nicht bei dir bleiben wird, wenn du deine Sachen weiterhin verfolgst, und so gibst du dein Leben auf, um das Leben zu führen, das du dir *vorstellst* leben zu wollen.
Die Schwierigkeit liegt nun darin, dass dir nach einer Weile klar wird, dass du nicht das Leben führst, das du leben möchtest, und so hast du oft schlechte Laune, bist mürrisch und gereizt. Du kannst nicht sagen, was konkret »falsch« ist, aber nichts fühlt sich »richtig gut« an.
Schon bald wird dieses Gefühl zur Grundlage eurer Beziehung und – wenn ihr Glück habt – war es das dann mit euch.
Wenn ihr kein Glück habt, bleibt die Beziehung noch für

lange Zeit bestehen, und ihr führt ein Leben in stiller Verzweiflung.

Wie kann man aus diesem Teufelskreis ausbrechen?

Hier sind zwei wichtige Fragen, die man sich unbedingt stellen sollte.
1. Wohin will ich gehen?
2. Wer kommt mit mir mit?
Die meisten Menschen stellen sich diese Fragen an einem bestimmten Zeitpunkt, aber viele machen den Fehler und verändern die Reihenfolge. Sie stellen die zweite Frage zuerst.
Oder sie stellen sie zunächst in der richtigen Reihenfolge, aber dann vertauschen sie die Fragen, um leichter eine Antwort zu bekommen!
Wenn du so vorgehst, wie in diesen beiden Fällen beschrieben, kann es zu großen Schwierigkeiten in deinen Beziehungen kommen.

* * *

Ich und meine Mutter versuchen, wieder eine Familie zu werden – also für sie einen Partner und für mich einen Vater zu finden. Bislang hat das aber nicht funktioniert. Warum?

Jason, 14

Vielleicht soll es nicht sein.

Was meinst du damit?

Vielleicht ist die Konstellation, die ihr gerade habt, die beste für euch. Ihr braucht immer nur die Vollkommen-

heit in allen Dingen zu sehen. Wenn ihr das in jedem Moment tut, seid ihr glücklich. Seht einfach nur, dass alles immer schon vollkommen ist.
Was auch geschehen mag, was auch immer sich ereignet, seht die Vollkommenheit. Was auch immer *nicht* geschieht, obwohl ihr es euch wünscht, seht die Perfektion in allen Dingen.
Und fangt dann an, dankbar dafür zu sein. Bedankt euch innerlich für diese immer bestehende Vollkommenheit.

Warum sollte ich das tun? Warum sollte ich mich für ein Leben bedanken, das nicht so ist, wie ich es gerne hätte?

WEIL DIR AUF einer bestimmten Ebene klar wird, dass du dieses Leben genauso willst, wie es *ist*. Weil du verstehst, dass es für deine Seele immer einen Grund gibt, warum dein Leben genau so ist, wie es ist, warum bestimmte Dinge geschehen und warum bestimmte Sachen »hochkommen«.

Und welchen Sinn hat das Ganze?

DU BIST EIN spirituelles Wesen und hast dich hier verkörpert, um zu erfahren, Wer Du Bist. Um das zu tun, ziehst du in jedem Moment die passenden Menschen, Orte und Ereignisse an, damit du auch wirklich das erleben kannst, wofür du in einen physischen Körper gekommen bist.
Du befindest dich in einem fortlaufenden Prozess, dich in jedem einzelnen Moment des Jetzt neu zu erschaffen.

Du hast dies bereits an anderer Stelle gesagt.

Ich wiederhole es hier, um meinen Worten Nachdruck zu verleihen. Du bist hier, um dich in jedem Moment neu zu erschaffen. Das ist dein eigentlicher Daseinszweck. Alles andere ist eine Illusion. Dieser ganze Prozess nennt sich Evolution. Es ist die Evolution der Seele.
Da du jetzt über diese Zusammenhänge Bescheid weißt, verändert sich alles. Du siehst die Dinge von nun an in einem neuen Licht. Tragödien sind für dich nicht länger nur Tragödien, sondern auch Möglichkeiten. Durch sie hast du die Chance, Wer Du Bist zu erschaffen, auszudrücken und zu sein.
Die ganze Welt ist als eine Bühne konzipiert, auf der du all das tun kannst. In Wirklichkeit ist das gesamte Universum eine Bühne, und eure Erde ist der Teil, auf dem ihr euch befindet.

* * *

Wann wirst du mir jemanden schicken, der mich liebt und mich so akzeptiert, wie ich bin – also auch meine schrulligen Seiten, meine Mängel und so weiter?

Cary, 19

Ich habe dir schon jemanden geschickt, Cary. Mich selbst!

Nicht, dass ich das nicht zu schätzen wüsste, aber mir läge auch an einem anderen menschlichen Wesen, mit dem ich meine Tage und Nächte verbringen könnte.

Ich weiss, was du meinst, und daher werde ich dir jetzt verraten, wie du es anstellen musst.

Großartig!

Sei das, wonach du suchst.

Ich soll das sein, wonach ich suche?

Ja. Anstatt dass du nach jemandem Ausschau hältst, der dich liebt, sei jemand, der liebenswert ist. Strahl das aus, was du zu empfangen wünschst. Sei das, was du erfahren möchtest. Hierin liegt das größte Geheimnis im Leben.
Sei das, wonach du suchst, und das, wonach du suchst, wird *dich* finden.
Alle suchen das Gleiche. Sei daher nicht der Suchende, sondern der, den die anderen suchen.

13

Drogen

Warum haben alle so viel Angst, wenn ich Drogen einfach nur mal ausprobieren will?

Valerie, 17, aus Paris

DA WIR UNS jetzt näher mit diesem Thema befassen wollen, sollten wir uns auf eine Definition einigen. Es gibt »medizinische Drogen« und »Freizeitdrogen«, manche davon sind »illegal«, andere »legal«. Egal zu welcher Gruppe sie gehören – der Missbrauch von Drogen kann zu schweren Problemen führen. Ebenso der Missbrauch von Alkohol, der eine andere Art von Droge ist.

Um deine Frage zu beantworten: Für die meisten Menschen ist es äußerst schwierig, Drogen »einfach nur mal« auszuprobieren.

Drogen sind sehr mächtig, Valerie, und bevor du überhaupt weißt, wie dir geschieht, bist du schon von ihnen abhängig. Und genau darin besteht das Problem.

Die meisten Menschen sind sich sicher – und schwören sogar regelrecht –, dass sie mit Drogen umgehen können. Sie regen sich darüber auf, wenn andere ihnen den Rat geben, die Finger von Drogen zu lassen, weil sie glauben, sie sind der ganzen Sache gewachsen.

Vielen Autofahrern geht es ähnlich. Eine seltsame Leichtsinnigkeit überfällt sie, wenn sie sich ans Steuer setzen. Sie glauben, die Straße besser einschätzen zu können als ihr Vordermann, den es aus der Kurve getragen hat. »Tritt das Gaspedal ruhig durch!« ist alles, was sie im Sinn haben. »Mir wird eh nichts passieren.«

Diese Sichtweise herrscht auch bei vielen Trinkern vor. Sie haben das Gefühl, der Sache gewachsen zu sein, auch wenn die Statistik zeigt, dass die überwiegende Mehrheit aus der Kurve getragen wird. Statistiken haben keinen Wert, und Tatsachen sind belanglos. Der »Kick« der Erfahrung ist alles, was zählt.

Wenn sich leichtsinniges Fahren noch mit Drogen und Alkohol verbindet, hast du ein tödliches Problem.

Aber Freunde von mir nehmen Drogen, und sie sagen, sie haben keine Probleme damit.

Das Besondere an Drogen ist, dass sie dein Denken beeinträchtigen. Du glaubst, dich selbst unter Kontrolle zu haben, aber in Wirklichkeit fangen sie an, dich zu kontrollieren, sobald du sie das erste Mal genommen hast. Das Ganze ist ziemlich heimtückisch.

Ich möchte dir an dieser Stelle die Geschichte vom Hummer und dem Kochtopf erzählen.

Ein Hummer, der in einem Restaurant im Kochtopf gelandet war, machte keine Anstalten, wieder hinauszuklettern. Weißt du warum? Weil das Wasser kalt war. Der Hummer hätte alles in Bewegung gesetzt, um aus dem Topf herauszukommen, wenn das Wasser heiß gewesen wäre, aber das war es nicht.

Der Koch schaltete den Herd erst ein, nachdem er den Hummer in den Topf gesteckt hatte. Und selbst dann er-

hitzte er das Wasser ganz langsam. Es dauerte sehr lange, bis es heiß wurde, und als es schließlich anfing zu kochen, wusste der Hummer gar nicht, wie ihm geschah.
Wenn du den Hummer in den ersten paar Minuten gefragt hättest: »Warum kletterst du nicht aus dem Topf raus? Siehst du nicht die Gefahr, in der du dich befindest?, so hätte dieser geantwortet: »Red keinen Schwachsinn, ich schwimme hier doch nur ein bisschen im Wasser umher.«

Du meinst also, meine Freunde haben ein größeres Problem, als sie glauben?

EINIGEN WIR UNS darauf, dass sie sich in heißem Wasser befinden.
Ich betone es noch einmal: Drogen fangen an, dich gleich nach dem ersten Gebrauch zu kontrollieren. Das ist so, auch wenn du es nicht wahrhaben willst. Dass du es nicht glaubst, ist nämlich bereits die Art und Weise, *wie* sie dich beeinflussen.
Drogen verändern dein Denken. Wenn du genug von ihnen nimmst, blockieren sie dein Denken völlig.
»Ich weiß schon, wann ich aufhören muss« sind die berühmten letzten Worte von Tausenden, deren Leben von Drogen oder Alkohol zerstört wurde.

Vielleicht ist dieses Zeug wirklich gefährlich …

NICHT NUR »VIELLEICHT«.

… aber die Leute, die ich kenne und die Drogen nehmen, versuchen sich nur damit aufzuputschen.

Es ist schon komisch, dass Menschen Drogen nehmen oder Alkohol trinken, um »high« zu werden, nur um danach immer tiefer abzustürzen.
Das Traurige daran ist, dass sie auch ohne all diese Dinge »high« werden können.

Ja, ich weiß, indem man sich einfach »vom Leben berauschen« lässt.

Genau!

Aber das klingt alles so – ich weiß nicht – abgedroschen.

Für die meisten Menschen gibt es keine intensiven Erfahrungen mehr, sondern nur noch oberflächliche Sensationen, die ihnen als intensive Erlebnisse verkauft werden.
Wenn du intensive Erfahrungen suchst, gibt es nichts Aufregenderes als das Leben. Und zwar so, wie es wirklich ist, nicht wie es sich anfühlt mit einem von Drogen vernebelten Hirn, einem ausgezehrten Körper, einem verzweifelten Herzen und einer erstickten Seele.
Ich spreche hier von einem Leben, wie es jemand mit einem erleuchteten Bewusstsein, einem energetisierten Körper, einem freudigen Herzen und einer erhabenen Seele erfährt.
Ich spreche hier von purem, *wirklichem* Glück, nicht von falschem Glück durch künstliche Stimulanzien. Ich spreche von »sein«, »tun« und »haben« auf einem sehr hohen Niveau.
Sein, Tun und Haben sind die drei Ebenen menschlicher Erfahrung. Alle Erfahrung entspringt dem Sein. Was auch

immer du bist, bestimmt das, was du tust, und was du tust, bestimmt das, was du hast. Du hast diese Dinge vielleicht noch nie in diesem Zusammenhang betrachtet, aber so funktioniert das Ganze.
Glücklich zu leben bedeutet, etwas zu sein, zu tun und zu haben, das deine Seele tanzen, dein Herz singen und deinen Kopf zerspringen lässt.

Wie kann ich so etwas erfahren? Ist es mir überhaupt möglich, das alles zu erleben?

Das ganze Buch handelt von nichts anderem. Welche Seite du auch aufschlägst, überall findest du Anregungen und Hinweise und Werkzeuge, die du benutzen kannst, um das zu sein, zu tun und zu haben, wofür du dich entscheidest.
Drogen werden dir all das nicht geben. Sie gehören nicht zu den Werkzeugen. Sie zerstören sie.

14
Schule

Warum bringt man uns in der Schule nur Fakten bei und keine Ideen?

Tristan, 14

WEIL IDEEN GEFÄHRLICH sind, wenn man – wie eure Gesellschaft – alles beim Alten belassen will.
Die meisten Gesellschaften sind sehr darauf bedacht, alles beim Alten zu belassen, weil diese Dinge sie als »Gesellschaft« definieren.
Eine »Gesellschaft« ist lediglich eine Gruppe von Menschen, die mehr oder weniger die gleiche Sichtweise haben. Ihre Mitglieder teilen bestimmte Traditionen und gemeinsam erschaffene Institutionen; sie haben ähnliche Interessen und gehen ähnlichen Aktivitäten nach. Alles, was diese Traditionen, Institutionen und Interessen bedroht, muss verhindert werden und darf unter keinen Umständen *gelehrt* werden.
Nichts ist daher bedrohlicher als neue Ideen. Kinder dürfen daher auch viel lernen, jedoch nicht zu viel »denken«. Das Denken besteht zum großen Teil daraus, neue Ideen durchzuspielen und abzuwägen. Lernen heißt einfach übernehmen und auswendig lernen.

Das stimmt genau! Es geht immer nur darum, Fakten auswendig zu lernen.

Das Ganze wird noch dadurch erschwert, dass die Fakten nur selten wirkliche Fakten sind, das heißt, wirklich das widerspiegeln, was tatsächlich geschehen ist. In den meisten Fällen handelt es sich nur um *Interpretationen* des Geschehenen, die eine bestimmte Sichtweise rechtfertigen und untermauern sollen. Um die Übernahme dieser Sichtweise geht es beim Lernen, nicht um bloße Fakten.
Kinder können daher eine völlig entgegengesetzte Sichtweise von Ereignissen haben. Die jeweilige Sichtweise hängt davon ab, auf welcher Seite die Eltern stehen und auf welche »Geschichtsschreibung« man sich bezieht, wenn man sich bestimmte Konflikte anschaut, zum Beispiel japanische Truppen in Korea, den Vietnamkrieg oder die Besetzung der palästinensischen Territorien durch Israel.
Auf diese Weise werden die Taten der Väter auf die Söhne übertragen, bis in die siebte Generation hinein.

Das ist ja großartig! Ich bin also in einem Schulsystem gefangen, dass mir beibringt, die gleichen Fehler wie meine Eltern zu machen. Schönen Dank.

Es kann auch anders sein. Du brauchst die Fehler deiner Vorfahren nicht zwangsläufig zu wiederholen. Schau dir die Sachen an, die dir nicht gefallen. Untersuche die Ursachen, und tue etwas, das die Situation verändert.
Im Grunde genommen gibt es zwei Arten von Menschen auf der Erde: die Wiederholer und die Veränderer. Die Wiederholer schauen sich die Vergangenheit an und wieder-

holen das, was bereits getan wurde. Die Veränderer schauen sich die Vergangenheit an und verändern das, was getan wurde, damit sich das Vergangene *nicht* wiederholt.
Auch du kannst zu den Veränderern gehören.

Und das Erste, was wir verändern, ist die Schule!

DIES GEHÖRT TATSÄCHLICH zu den ersten Dingen, die verändert werden *müssen*, wenn sich überhaupt etwas verändern soll. Du übernimmst das, was du lernst und was dir beigebracht wird. Und es ist sehr schwer, dies alles wieder zu »verlernen«.

Wie können wir die Schulen verändern?

DAS SCHULSYSTEM LÄSST sich nicht von heute auf morgen verändern, aber was du sofort verändern kannst, ist deine *Erfahrung* von Schule.
Betrachte die Schule mit neuen Augen. Erkenne, was sie – so unvollkommen sie auch immer sein mag – ist: eine Hürde, die dir das Leben vor die Füße gestellt hat, damit du genau dorthin gelangst, wohin du möchtest.
Benutze nun deine neue positivere Einstellung, um ein paar Veränderungen vorzuschlagen, die die Schule deiner Meinung nach besser machen. Selbst in den Schulen, die am wenigsten demokratisch aufgebaut sind, gibt es bestimmt die Möglichkeit, Verbesserungsvorschläge zu machen.
Wichtig ist, dass du dabei Spaß hast und dir etwas zutraust. Sei aber bitte nicht zu kritisch, und nimm dich selbst nicht zu ernst, sonst bist du schon geschlagen, bevor es überhaupt losgeht.

Sprich mit deinen Eltern, mit der Schulleitung und später – wenn du älter bist – mit allen in deiner Gemeinde, die ein offenes Ohr dafür haben, und teile ihnen mit, welche Veränderungen in der Schule und am Schulsystem du für notwendig hältst.

Hast du dazu irgendwelche Ideen?

Du könntest ihnen vorschlagen, den so genannten Fakten nicht mehr so viel Gewicht zu geben und sich stattdessen stärker an Konzepten und Lebensvorstellungen zu orientieren. Du könntest ihnen von den drei Grundprinzipien eines ganzheitlichen Lebens erzählen:
1. Gewahrsein
2. Ehrlichkeit
3. Verantwortlichkeit
Du könntest vorschlagen, dass der gesamte Lehrplan auf diesen Prinzipien aufgebaut wird. Lesen, Schreiben und Rechnen und auch die anderen »Fächer« sollen nicht abgeschafft werden, aber sie sollten auf die Umsetzung dieser Konzepte ausgerichtet sein.
Du könntest die Verantwortlichen zu einer Unterrichtsplanung ermutigen, die viele Bereiche der menschlichen Erfahrung als Lernfelder miteinbezieht, zum Beispiel Selbsterfahrung und Selbstausdruck, Machtverteilung und Kooperation, fairer Handel und faires Wirtschaften, umweltverträgliches Wachstum, befriedigende Sexualität, kreatives Denken, das Würdigen von Vielfalt, Nutzen ziehen aus Verschiedenartigkeit sowie die Einheit allen Lebens.
Sag ihnen, dass sie keine Probleme mehr mit gelangweilten und uninteressierten Schülern haben werden, wenn sie *diese* Fächer lehren.

Und wenn du schon mal dabei bist, rate ihnen, endlich die Klassen abzuschaffen, die die Schüler nach Alter trennen, sodass alle die Möglichkeit haben, sich frei nach ihrem Interesse und ihrer Leidenschaft zu Gruppen zusammenzufinden.
Außerdem sollten Klausuren, Noten und Zeugnisse abgeschafft werden, sodass die Freude der Schüler der einzige Maßstab ist und ihre funkelnden Augen und ihre Begeisterung bei jedem Schritt Zeugnis davon ablegen können, ob ihre Gehirne angeregt oder abgestumpft wurden.
Und zum Schluss sollte man auch vorschlagen, dass die Schüler in der Leitung der Schule ein Wörtchen mitreden können, und zwar auf der Entscheidungsebene, nicht als »Kosmetik« nach außen.

Oh, Mann – was würde das für eine Schule sein! Und eines der ersten Dinge, die ich ändern würde, wären Hausaufgaben. Warum müssen wir nach sieben Stunden Schule auch noch stundenlang Hausaufgaben machen?

Wade, 15, aus Houston, Texas

Diese Frage stellen sich inzwischen selbst Erwachsene. Eine Studie der Universität von Michigan hat gezeigt, dass die Kinder heutzutage bis zu dreimal mehr Hausaufgaben machen als noch vor zwanzig Jahren.
Wenn du das Gefühl hast, dass dich deine Hausaufgaben zu sehr belasten, sprich mit deinen Eltern darüber und bitte sie, mit der Schule zu sprechen.

Du meinst, das würde irgendetwas bringen? Selbst wenn sie tatsächlich mit den Lehrern sprechen würden, würde doch nichts passieren.

Das kannst du nicht wissen. Du *glaubst* das zwar, aber *wissen* kannst du es nicht. Nichts kann dich mehr lähmen und hemmen, als wenn du etwas nicht versuchst, weil du bereits zu wissen glaubst, wie alles ausgeht. Auf diese Weise kommt die Energie erst gar nicht ins Fließen. Stopp dich nicht schon, bevor du überhaupt angefangen hast.
Denk immer daran: *Stopp dich nicht schon, bevor du angefangen hast.*
Wenn du dich schon vor dem Start abwürgst, gelangst du mit Sicherheit nirgendwo hin. Du kannst dann lediglich sagen, dass du es ja schon immer gewusst hast.
Dir war immer schon klar, dass du es nicht schaffst, und daher hast du es auch nicht getan. Du bist nicht sehr glücklich, aber zumindest hast du Recht.
Diese Einstellung ermöglicht es Menschen, die nicht sehr glücklich sind, weiterhin unglücklich zu sein. Menschen, die wütend sind, bleiben auf diese Weise weiterhin wütend. Und Menschen, die nichts erreicht haben, werden auch weiterhin nichts erreichen.
Denk positiv, und wirf das negative Denken über Bord. Positives Denken hat wirklich eine *körperliche Auswirkung* auf das Leben. Es sendet Schwingungen aus und bewegt Energie auf eine bestimmte Weise. Es erschafft positive Resultate.

* * *

Ich weiß nicht, welcher Clique ich mich anschließen soll. Warum wollen sich alle immer voneinander unterscheiden?

Mari, 16, aus Phoenix, Arizona

Sich abzutrennen ist eine Möglichkeit, Identität zu suchen. Für junge Menschen ist dies äußerst wichtig. Das

ganze Leben ist ein Prozess, in dem du dich immer mehr selbst bestimmst und entscheidest, Wer Du Bist – und in der Schule ist es nicht anders.
Aber erinnere dich daran, was ich gesagt habe, als wir uns über Druck unterhalten haben (siehe Kapitel 6). Unternimm nichts, was sich für dich nicht »echt« anfühlt, nur um zu einer Clique zu gehören.
Warum solltest du dich nicht dafür entscheiden können, überhaupt keiner bestimmten Gruppe anzugehören? Sei du selbst! Wenn du das Gefühl hast, du würdest dich gerne eine Zeit lang in einer Clique aufhalten, dann tue es. Wenn du dann Lust hast, dich einer anderen anzuschließen, lass dich nicht davon abhalten. Und lass es nicht zu, dass eine der Gruppen dich voll vereinnahmt.
Gruppen trennen, Individuen vereinen. Es ist die *Aufgabe* von Gruppen, zu trennen, denn erst dadurch wird eine Ansammlung von Menschen zu einer Gruppe.
Soweit nun meine »praktische« Antwort. Möchtest du auch meine spirituelle Antwort hören?

Ja, gern.

Es ist nicht notwendig, sich voneinander zu trennen, um seine eigene Identität zu finden. Menschen, die tief in der Illusion der Spaltung gefangen sind, glauben dies leider immer wieder.
Die Illusion gaukelt ihnen vor, dass nicht die Einheit, sondern die Nicht-Einheit die natürliche Grundlage der Dinge ist. Dieser Theorie entsprechend ist alles voneinander getrennt und hat individuelle Identitäten, Zielsetzungen und Funktionen.
Die Menschen glauben daher, dass Trennung notwendig

sei, damit sie sich voll erfahren können. In Wirklichkeit ist genau das Gegenteil der Fall.

Was meinst du damit?

Ich meine damit, dass du deine wahre Identität nur in der *Einheit* findest, nicht in der Getrenntheit. Nur im Einssein kannst du dein wahres Selbst erfahren.

Es gibt nichts Getrenntes? Die Dinge haben keine individuelle Identität, Zielsetzung und Funktion?

Wenn ich dir sagen würde, dass dein Lebenszweck sich nicht von dem des Baumes vor deinem Fenster und nicht von dem des schneebedeckten Berges und auch nicht von dem des Ozeans, der seine Wellen an den Strand wirft, unterscheidet, würdest du mir das glauben?

Höchstwahrscheinlich nicht.

Und doch ist es so.

Das musst du mir aber erklären.

Der Lebenszweck eines Baumes ist Wachstum, und das ist auch deine Zielsetzung und Funktion. Es ist der Sinn allen Lebens. Du wächst in die nächstgrößere Version der großartigsten Vision, die du je über Wer Du Bist hattest. Das Gleiche tut der Baum. Der einzige Unterschied besteht darin, das du es weißt und der Baum nicht. Du weißt es auf einer bewussten Ebene, während der Baum eine andere Bewusstseinsebene hat.

Du bist dir deines Selbst bewusst. Das bedeutet, du bist *selbstbewusst.* Im Vergleich zu einem Baum bist du ein höher entwickeltes Wesen. Aber dennoch seid ihr beide »auf das Gleiche aus«.

Das mit dem Baum habe ich verstanden. Aber wie steht's mit dem Berg oder dem Ozean?

DU VERSTEHST NICHT, wie der Berg und der Ozean wachsen?

Nein. Wenn überhaupt eine Veränderung geschieht, dann werden sie immer kleiner.

OH, ICH VERSTEHE. Du setzt »Wachstum« mit »größer werden« gleich.

Tust du das denn nicht?

WACHSTUM IST EVOLUTION in jeglicher Gestalt.
Der Berg verändert sich die ganze Zeit. Genauso der Ozean und alles Leben. Jede Veränderung ist Wachstum. Um nichts anderes geht es in der Evolution.
»Größer« bedeutet nicht zwangsläufig »besser«. Bestimmte Sachen können kleiner werden, aber sich dennoch entscheidend weiterentwickelt haben.

So habe ich das alles noch nie betrachtet.

NUN, DAS IST das Schöne an jedem wirklich guten Gespräch. Es bringt dich dazu, Dinge in einem neuen Licht zu sehen.

Ich habe den schlechtesten Biologielehrer, den man sich nur vorstellen kann. Ich *schlaf ein* bei seinem Unterricht! Was soll ich nur machen? Komm mir jetzt bitte nicht mit »die Klasse wechseln«, denn das habe ich schon hinter mir, und es hat auch nichts genützt.

Dennis, 16, aus New York

Rede mit deinem Lehrer. Sag ihm, dass du bei ihm nichts lernst, und frag, was du für dich tun kannst – vielleicht sogar außerhalb der Klasse.

Erzähl dem Lehrer, ohne ihm dabei die Schuld in die Schuhe zu schieben, dass es dir wirklich schwer fällt, seinem Unterricht zu folgen, und frag ihn, was du tun kannst, um mit deiner Aufmerksamkeit mehr »dabeibleiben« zu können.

Rede mit deinen Mitschülern, und finde heraus, ob es irgendeinem leichter fällt, dem Unterricht zu folgen. Wenn du einige ausfindig gemacht hast (was sehr wahrscheinlich der Fall sein wird), dann frag den Lehrer, ob du nicht hin und wieder mit diesen Schülern im »Team« bestimmte Aufgaben und Projekte gemeinsam bearbeiten kannst. (Frag zuerst die Schüler, ob das für sie in Ordnung ist.) Dies wäre nicht nur eine Möglichkeit, den Unterricht für dich zu beleben, du würdest bei dieser Gelegenheit auch einige Mitschüler besser kennen lernen.

Sprich mit deinen Eltern darüber und schau, ob sie bestimmte Vorschläge haben. Du kannst dich auch an einen Beratungslehrer wenden.

Was auch immer du tust, beschwer dich nicht einfach nur. Und lass auf keinen Fall zu, dass dein Nichtstun der Grund dafür wird, dass dir der Unterricht nicht gefällt.

Einige meiner Klassenkameraden schummeln bei Klausuren. Sie möchten, dass ich mitmache. Ich könnte schon ein wenig »Unterstützung« in Geometrie gebrauchen und könnte meinen Freunden zum Beispiel in Sozialkunde und Französisch auch ein wenig »nachhelfen«. Aber irgendwie weiß ich, dass es nicht richtig ist, zu schummeln...

Marshall, 16, aus New Orleans

Es gibt nicht so etwas wie »richtig« und »falsch«, wie wir schon weiter vorne gesehen haben. Es gibt in Bezug auf das, was du vorhast, nur das, was »funktioniert«, und das, was »nicht funktioniert«.

Großartig! Ich habe vor, die Geometrie-Klausur zu bestehen!

Ist das alles?

Was meinst du damit, »ist das alles«?

Hast du nicht noch etwas anderes vor?

Nein, ich glaube nicht.

Ich glaube schon, auch wenn du dir dessen nicht bewusst bist.

Und was sollte das sein?

Du bestimmst dich selbst und entscheidest, Wer Du Bist. In jedem Moment tut der Mensch nichts anderes.

Das hast du bereits wiederholt erwähnt.

Das Entscheidende ist, dass sich in dem Moment, in dem du verstehst, warum du *wirklich* auf diesem Planeten bist, und dich nicht mehr damit zufrieden gibst, all den Illusionen auf den Leim zu gehen, alles verändert.
Dadurch ändert sich die Frage.
Sie lautet nicht länger: »Sollte ich in der Klausur schummeln?« oder »Bleibt mein Schummeln unerkannt?«
Stattdessen fragst du dich: »Möchte ich wirklich jemand sein, der schummelt? Bin ich jemand, dem man nicht trauen kann? Möchte ich wirklich so jemand sein?«

Die halbe Welt schummelt. Mein Vater »schummelt« höchstwahrscheinlich bei seiner Einkommensteuererklärung.

Und du kannst wie die halbe Welt sein – eine Welt nebenbei bemerkt, die du wiederholt für ihren Zustand kritisiert hast –, oder du kannst *die Veränderung sein, die du in der Welt sehen möchtest.*

15
Eltern

Warum können sich meine Eltern nicht weiterhin lieben und verheiratet bleiben?

Carrie, 15, aus San Francisco

DEINE ELTERN *KÖNNEN* sich weiterhin lieben und verheiratet bleiben, aber dies würde erfordern, dass sie bestimmte Ansichten, die sie haben, verändern.

Deinen Eltern müsste zum Beispiel bewusst sein, dass Liebe eine Entscheidung ist und keine Reaktion. Sie müssten sich dafür entscheiden, sich weiterhin so zu lieben, wie sie es am Anfang getan haben.

In jenen Tagen haben sie einander noch alles verziehen, wenn sie es überhaupt nötig gefunden haben, etwas verzeihen zu müssen. Sie waren dazu in der Lage, weil sie in der Vorstellung lebten, identische Ziele und Wünsche zu haben. Inzwischen gehen sie davon aus, dass ihre Interessen auseinander gehen.

Manchmal *scheinen* die Wünsche von Menschen in Konflikt zu geraten, aber nur selten tun sie das auch wirklich. Dies ist so, weil letztlich alle Menschen das Gleiche wollen.

Ihr müsst nur herausfinden, welche grundlegenden Wünsche ihr habt. Vielleicht müsst ihr manchmal tief graben,

aber im Kern dessen, was andere Menschen wollen, werdet ihr fast immer auch auf eure eigenen Wünsche stoßen – und damit auf Gemeinsamkeiten.
Nur wenn ihr bereit seid, diese tief vergrabenen gemeinsamen Interessen freizulegen, hat die Liebe auf Dauer eine Chance. Die größte Freude der Liebe besteht darin, diese grundlegenden Gemeinsamkeiten herauszufinden.
Das kann sich dann so anhören: »Ich weiß, dass wir uns verstehen und letztlich das Gleiche wollen. Wir beide haben bestimmte Wünsche und Zielsetzungen und glauben einfach nur, dass wir sie auf verschiedenen Wegen erreichen.
Diese unterschiedlichen Wege scheinen einander im Moment zu widersprechen, sodass es den Anschein hat, dass wir keine Gemeinsamkeiten mehr hätten. Aber ich bin bereit, die scheinbaren Gegensätze zu überwinden und nach einer gemeinsamen Grundlage zu suchen.
Ich bin davon überzeugt, dass sich hinter all den scheinbaren Konflikten etwas verbirgt, was wir gemeinsam wollen. Lass uns einen Weg finden, das zu leben, was wir beide wollen.«
In vielen Fällen kann solch ein Bewusstseinsumschwung die Beziehung erfrischen und ihr eine neue, stabilere Grundlage geben.
Oftmals spüren die Partner dann wieder die Liebe füreinander, aber sie wissen gleichzeitig, dass sie aus vielen Gründen nicht mehr zur alten Form ihrer Beziehung zurückkehren können. Sie entscheiden sich daher für eine neue Form ihrer Liebesbeziehung, die beispielsweise nicht mehr darauf beruht, dass sie zusammenleben.
Es kann völlig in Ordnung für dich sein, und du kannst ein glückliches Leben führen, auch wenn deine Eltern nicht

zusammenbleiben. Aber dazu wäre es notwendig, dass *du* bestimmte Ansichten änderst.
Du müsstest in diesem Fall verstehen, dass du selbst für dein Glück, deine Sicherheit und deine Liebe verantwortlich bist – und keine anderen Menschen, Situationen oder Dinge. Dir müsste klar sein, dass du nicht schuld an der Trennung deiner Eltern bist und dass sie dich weiterhin aus ganzem Herzen lieben und, so gut sie es können, für dich da sein werden.
Auch müsstest du wissen, dass in den Situationen, in denen sie nicht für dich da sein können, Gott immer für dich da ist.
Dies alles bedeutet, dass du dem Leben vertrauen müsstest, weil du weißt, dass alle Dinge sich letztlich zum Besten für alle entwickeln werden und dass Gott auf deiner Seite ist und das ganze Universum dich unterstützt. Nichts kann dich davon abhalten, Frieden, Glück, Liebe und Freude in deinem Leben zu erfahren, wenn du es möchtest.
Ich verspreche dir, dass dies die Wahrheit ist. Ich werde dich niemals im Stich lassen, und du kannst dich zu jeder Zeit an mich wenden. Ich werde dich stärken, dir Mut machen und Einsicht schenken, deine Tränen trocknen und dein Herz wiegen, deinen Geist beruhigen und deine Seele heilen sowie dich immer daran erinnern, dass dein Selbst ein überwältigendes Wunder ist.
Glaub an dich, glaub an mich, glaub an die Liebe – denn alles drei gehört zusammen und wird immer existieren und alles im Universum für immer segnen.

* * *

Warum regen sich Eltern immer auf, wenn man anderer Meinung ist und Dinge tut, die sie nicht tun würden? Warum wollen sie immer, dass man ihre Vorstellungen übernimmt?

Claudette

ELTERN GLAUBEN AUTOMATISCH, dass ihre eigenen Vorstellungen und Handlungsweisen richtig und empfehlenswert sind, denn sie sind es schließlich, die in dieser Weise denken und handeln.
Du selbst glaubst übrigens aus dem gleichen Grund, dass deine Vorstellungen und Handlungsweisen sinnvoll sind.
Menschen mögen keine Unterschiede, und je älter sie werden, desto weniger können sie sich damit abfinden. Stattdessen lieben sie es, wenn alle das Gleiche tun, denn diese »Gleichheit« bestärkt sie darin, dass sie »richtig« liegen.
Mit anderen Worten, wenn jemand das Gleiche tut wie du, dann wird das, was du tust, schon »richtig« sein.
Sobald jemand etwas anderes tut, fühlst du dich ins Unrecht gesetzt. Dies *kann* zumindest geschehen, wenn du innerlich nicht sehr gefestigt bist.
Und bislang ist die menschliche Gattung nicht dafür bekannt, innerlich besonders stark zu sein.

Wie können wir das verändern? Wenn ich Kinder habe, will ich ihnen nicht ständig Vorwürfe machen, nur weil sie etwas anderes wollen oder tun.

INNERE STÄRKE KANN nur dann entstehen, wenn du dich auf deine Ursprüngliche Macht besinnst. Dazu musst du die Beziehung zwischen dir und Gott wirklich verstehen und begreifen, dass es die Unterscheidung in »richtig« und »falsch« nicht gibt. Es geht nur darum, ob das, was du vorhast, funktioniert oder nicht.

Die neue Sichtweise, die du in diesem Buch kennen lernst, kann dir dabei helfen, eine innere Stärke zu entwickeln. Wenn du dir noch einmal anschaust, was wir bislang alles besprochen haben, wirst du sicherlich nützliche Anregungen finden, die dir helfen, innerlich zu wachsen und stärker zu werden.

Wie kommt es, dass es einen Generationskonflikt gibt? Warum können unsere Eltern nicht einfach normal mit uns *reden*?

Travis, 16, aus Oregon

Manche Eltern fühlen sich einfach nicht in der Lage, offen mit ihren Kindern zu reden. Sie haben das Gefühl, eine völlig andere Sichtweise zu haben und eine andere Sprache zu sprechen. Ihre Interessen liegen ganz woanders, und sie haben ein anderes Wertsystem.
All diese Dinge können tatsächlich eine Rolle spielen.

Aber warum können sie nicht trotzdem mit uns reden? Haben wir nur dann ein sinnvolles Gespräch, wenn wir ihnen in allen Bereichen zustimmen?

Nein. Aber oft fühlen sich Eltern genauso missverstanden wie ihre Kinder.

Du meinst, *Eltern* fühlen sich missverstanden? Wie kann das sein, wo sie doch diejenigen sind, die nicht zuhören und uns immer nicht verstehen?

Wenn du genau hinschaust, erkennst du, dass sich alles, was in dir vorgeht, auch außerhalb von dir manifestiert.

Was meinst du damit?

Die ganze Welt ist ein Spiegel, der dich selbst widerspiegelt. Du könntest dich aus dem Grund ungehört und missverstanden fühlen, *weil du anderen nicht zuhörst und nicht versuchst, sie zu verstehen.*
Oder andersherum: Wenn du anderen das Gefühl gibst, dass du dich voll auf sie einlässt, ihnen zuhörst und sie verstehst, dann wird es sehr, sehr schwer (geradezu unmöglich) für dich werden, dich weiterhin ungehört und missverstanden zu fühlen.
Dein eigenes Verhalten fällt immer auf dich zurück.
Sobald dir klar ist, dass deine Eltern sich vielleicht ähnlich fühlen wie du, öffnet sich die Tür für neue Möglichkeiten. Du hast nun die Chance, dich wirklich mit ihnen auszutauschen.

Ich weiß nicht. Manchmal habe ich das Gefühl, dass ich mich mit meinen Eltern überhaupt nicht mehr unterhalten kann. Sie wirken so abwesend.

Nun, genau darüber haben wir uns ja eben unterhalten, nicht wahr?
Manche Eltern haben das Gefühl, dass ihre jugendlichen Söhne und Töchter »abwesend« sind. Beide Seiten fühlen also ähnlich.

Aber warum ist das so?

Die verschiedenen Generationen glauben, dass sie unterschiedliche Interessen und Ziele haben. Tatsächlich aber haben alle Menschen die gleichen Wünsche. Sie wol-

len sie selbst sein und sich auf jeder Entwicklungsstufe neu erfahren.
Der wissenschaftliche Ausdruck für diesen Prozess ist *Evolution*. Sie vollzieht sich überall und in jedem Moment.
Nur wenige Menschen auf beiden Seiten des »Generationskonflikts« sehen das jedoch. Sie glauben, dass jede Seite etwas anderes will und dass die eine Seite die andere davon abhält, die jeweils eigenen Vorstellungen zu verwirklichen.
Und du hast Recht, dies liegt daran, dass die beiden Generationen nicht miteinander reden, weil sie der Ansicht sind, sie hätten keine Gemeinsamkeiten. So schließt sich der Teufelskreis, und der »Generationskonflikt« bleibt bestehen.

Was sollen wir also tun?

Es verändern. Schliesst euch den Veränderern an.
Es gibt viele Möglichkeiten, den Austausch zwischen den Generationen in Gang zu bringen.
Verantstaltet Diskussionen mit älteren Menschen – vielleicht regelmäßige Diskussionsabende oder sogar wöchentliche Diskussionsrunden – im lokalen Jugendzentrum oder in den Seniorenheimen oder im Gemeindesaal (sozusagen auf neutralem Boden).
Ihr könnt euch gegenseitig über alles, was ihr wissen wollt, Fragen stellen, um die Meinung des anderen zu hören und euch gegenseitig Ratschläge zu geben.
Ihr könnt auch einfach nur anfangen, mit euren Eltern zu reden. Wenn sie euch nicht zuhören wollen, schreibt ihnen einen Brief. Die meisten Eltern werden lesen, was

ihr zu sagen habt. Und bittet sie in eurem Schreiben erneut darum, sich mit euch zusammenzusetzen und euch zuzuhören. Aber teilt ihnen auch mit, dass ihr selbst ebenfalls bereit seid, ihnen eure Aufmerksamkeit zu schenken.

Schreibt ihnen, dass dies vielleicht die letzte Gelegenheit ist, sich zusammenzusetzen und miteinander zu reden, um Gefühle, Gedanken und Ideen über sich selbst und das Leben als solches auszutauschen. Sagt ihnen, wie wichtig dies für euch ist.

Macht den ersten Schritt. Wie ich bereits sagte, glauben die meisten Eltern, dass ihr gar nicht mit ihnen reden *wollt*. Sie denken, dass ihre Vorstellungen euch langweilen und ihr sie nicht hören wollt. Daher glauben sie, dass sie euch einfach in Ruhe lassen sollen.

Das ist der bequeme Weg. Lasst nicht zu, dass eure Eltern ihn nehmen. Und macht es euch ebenfalls nicht so einfach. Ihr wollt den Generationskonflikt überwinden? Dann tut es. Es hängt von euch ab, was geschieht. Die meisten Erwachsenen und damit auch die meisten Eltern werden euch dabei auf halbem Wege entgegenkommen. Okay, nicht alle. Es gibt auch welche, die aus Bequemlichkeit alles beim Alten lassen wollen. Aber die meisten werden sich aufraffen.

Lasst es auf einen Versuch ankommen. Vielleicht werdet ihr überrascht sein.

* * *

Warum sehen meine Eltern immer nur die Sachen, die ich falsch mache?

Bryan, 16, aus Omaha, Nebraska

Die meisten Eltern bemerken auch andere Dinge und würdigen das, was du richtig machst. *Sie sprechen nur nicht darüber.*
Die Menschen sprechen generell nicht viel über positive Dinge, sondern betonen lieber das Negative. Leider haben die meisten Menschen diese Angewohnheit (und vielleicht hast auch du sie).
Wenn die Menschen »die Kraft des positiven Denkens« erkennen würden, würden sie nicht länger das Negative betonen.

Wie kann ich also meine Eltern dazu bringen, dass sie etwas *sagen*, wenn ich in ihren Augen etwas richtig mache?

Indem *du* etwas sagst, wenn du siehst, dass *sie* etwas richtig machen.
Denk immer daran: *Wie man in den Wald hineinruft, so schallt es heraus.*
Wenn du deinen Eltern jedes Mal, wenn sie etwas tun, was du gut oder cool oder hilfreich findest oder von dem du in irgendeiner Weise profitierst, positives Feedback geben würdest, wären sie bestimmt angenehm überrascht. Du würdest damit eine Tür öffnen, um von ihnen ebenfalls positive Energien zu empfangen.
Du könntest sogar einen Aufkleber mit den folgenden Worten basteln:

SAG ETWAS NETTES,
WENN DU ETWAS GUTES SIEHST.

Dieser kleine Spruch, *wirklich umgesetzt*, könnte die Welt verändern.

Warum muss ich immer derjenige sein, der anfängt? Warum kann die Initiative nicht von *ihnen* ausgehen?

DAS IST EINE berechtigte Frage und für mich das Stichwort, um auf etwas anderes hinzuweisen, das wichtig ist. Vielen Dank also, dass du sie gestellt hast.
Denk immer daran: *Gib dem anderen das, was du von ihm haben willst. Erfülle anderen Menschen die Wünsche, die du selbst hast.*

Du meinst, ich sollte etwas geben, damit ich auch etwas bekommen kann?

NEIN, DAS IST keine Vorbedingung. Es ist nur der schnellste Weg, das zu erreichen, was du möchtest. Du benutzt dann die kreative Kraft auf optimale Weise.

Ich verstehe das nicht. Wie kann ich etwas in meinem Leben erschaffen, indem ich es weggebe?

ZUERST EINMAL, WEIL andere dich so behandeln, wie du sie behandelst. Jedes Verhalten fällt auf dich zurück, wie ich bereits erwähnte. Was du also anderen gibst, kommt – meistens sogar vielfach – direkt zu dir zurück.

Deshalb sagst du also: »Behandele andere so, wie du selbst behandelt werden willst.«

GENAU! DAS IST nicht nur ein hübscher kleiner Spruch, sondern etwas, was *tatsächlich geschieht.*
Früher oder später kommt alles zu dir zurück. Es ist ein universelles Gesetz, dem sich niemand entziehen kann.

Dieses Gesetz hat nichts mit Bestrafen oder Belohnen zu tun. Es spiegelt einfach wider, wie die Dinge funktionieren. Das Leben ist ein Bumerang – was du aussendest, kommt zu dir zurück. *Es ist unvermeidlich.*
Dies ist darum der beste Rat, den ich dir auf deinem Weg ins Erwachsenenalter mitgeben kann:
Gib den anderen das, was du dir von ihnen wünschst. Gib dem Leben das, was du von ihm erwartest.
Wenn du viel Energie bekommen willst, dann gib viel Energie!
Sei der Ursprung dessen, was du zu empfangen wünschst.

Aber widerspricht sich das nicht mit dem, was du weiter vorne gesagt hast, dass man nichts tun sollte, nur um jemanden zu gefallen?

NEIN, DAS IST kein Widerspruch. Du tust für den anderen ja nicht etwas, um es *ihm* Recht zu machen, sondern damit *du selbst* zufrieden bist. Und ich habe auch darauf hingewiesen, dass du genau hinschauen musst, wo die gemeinsamen Interessen liegen, um überhaupt sehen zu können, *was* du dir selbst wünschst.
Wenn du die Gemeinsamkeiten erkennst, dann wird dir auch klar, dass du alles, was du »für« jemand anderen tust, in Wirklichkeit *für dich selbst* tust.
Du erkennst, dass du andere so behandeln solltest, wie du selbst behandelt werden möchtest. Diese Erkenntnis ist dabei ganz *wesentlich.*

Aber wie kann ich etwas geben, das ich gar nicht habe? Wenn ich mehr Geld brauche, wie kann dann mehr Geld zu mir kommen, indem ich es weggebe?

Die Vorstellung, dass du von etwas nicht genug hast, ist eine Illusion. Das heißt, es sieht *scheinbar* so aus, als hättest du nicht genug, aber in Wirklichkeit hast du genug. Um diese Erfahrung zu machen, musst du bloß jemanden finden, der weniger hat als du. Gib nun dieser Person von dem wenigen, das du deiner Vorstellung nach hast. Du machst sofort die Erfahrung, dass *du immer bereits genug hast. Du hast so viel, dass du sogar noch etwas davon abgeben kannst.*

In diesem Moment veränderst du dein Leben.

Du nimmst die Wirklichkeit nun anders wahr.

»Nicht genug« wird zu »genug«, und statt »Mangel« erfährst du »Überfluss«. Deine Wahrnehmung dreht sich, und du machst sogleich andere Erfahrungen. Dies ist möglich, weil das, was du DENKST, sich auch MANIFESTIERT.

Um aber auf deine ursprüngliche Frage zurückzukommen: Wenn du dich nicht gut fühlst, weil deine Eltern die Dinge, die du richtig machst, nicht würdigen, dann gib deinen Eltern das gute Gefühl, das du haben möchtest, indem *du sie für das lobst, was sie richtig machen.*

Nun geschieht etwas Wunderbares. Zuerst einmal wirst *du dich sofort gut fühlen,* indem du einfach nur siehst, *wie gut sie sich fühlen,* wenn du sie lobst. Außerdem erfüllt sich das Gesetz, das besagt, dass früher oder später alles zu dir zurückkommt: Wenn du selbst andere Menschen anerkennst, wirst auch du Anerkennung für die Dinge finden, die du gut machst.

Ich weiß, du willst damit sagen, dass man das, was man sät, hinterher auch erntet. Aber das trifft nicht immer zu. Ich verhalte mich bestimmten Personen gegenüber in einer bestimmten Weise, aber sie behandeln mich ganz anders.

Tomas, 18, aus Kapstadt, Südafrika

ICH GEBE DIR Recht, dass dies manchmal der Fall ist. Du kannst dich nicht immer darauf verlassen, von einer Person das zurückzubekommen, was du ihr gegeben hast.

Jetzt verwirrst du mich aber total. Du sagtest doch: »Wie man in den Wald hineinruft, so schallt es heraus.«

JA, DAS HABE ich gesagt, aber ich habe nicht gesagt, wie und wann und wo es geschieht. Was du dem Leben gibst, wird das Leben dir auch zurückgeben, aber nicht notwendigerweise auf die gleiche Weise. Es lässt sich nicht vorherbestimmen. Manchmal kommt es sofort und auf die gleiche Weise zurück, manchmal aber auch nicht. Es *wird* aber auf jeden Fall irgendwann und irgendwo zu dir zurückkommen. Wenn du das Leben nur genau genug beobachtest, wirst du erkennen, dass dieses Gesetz immer und überall gültig ist.

Aber warum kann es nicht von der Person zurückkommen, der ich etwas gebe? Warum können mich zum Beispiel die Menschen, die ich liebe, nicht ebenfalls lieben?

DAS GESETZ VOLLZIEHT sich nicht auf diese Art und Weise. Es wäre sonst zu leicht, andere Menschen zu manipulieren. Ganz abgesehen davon, möchtest du auch gar nicht, dass jemand dich nur deswegen liebt, weil du ihn oder sie liebst. Glaub es mir. Du möchtest nicht, dass andere Menschen dich als eine Art *Gegenleistung* lieben, sondern weil

sie offen und ehrlich ausdrücken, was sie dir gegenüber empfinden – egal, ob du etwas Besonderes für sie tust oder nicht.
Mach also nicht den Fehler und sei einem anderen Menschen gegenüber freundlich, damit auch er dich freundlich behandelt. Wenn man da nämlich nicht aufpasst, fängt man schnell an, andere Menschen zu manipulieren. Behandle andere freundlich, weil das dem entspricht, Wer Du Bist, und weil du dich dafür *entschieden* hast, freundlich zu SEIN.
Du erschaffst dir durch das, was du »bist«, deine Realität. Diese Wahrheit ist unumstößlich.

* * *

Warum müssen sich Eltern immer wie »Eltern« verhalten? Warum sind sie nicht einfach ein bisschen lockerer? Letzte Nacht habe ich zufällig gesehen, wie meine Eltern miteinander Sex hatten, und ihre Reaktion war, als hätte ich sie bei einem Banküberfall oder Ähnlichem erwischt.

Tammy, 13

Eltern haben manchmal das Gefühl, dass sie ihren Kindern ein gewisses Bild präsentieren müssen – und offen zärtlich oder sexuell miteinander zu sein passt oft nicht in dieses Bild. Dennoch sind Zärtlichkeit und Sexualität Teil deiner Eltern. Ihr Verhalten hängt davon ab, was deine Eltern selbst über diese Dinge denken und welche Einstellung sie sich bei dir darüber wünschen.
Wenn sie möchten, dass du diese Dinge genießt, dann werden sie dir auch zeigen, wie *sie* sie genießen. Wenn sie möchten, dass du positive Erfahrungen auf diesem Gebiet

machst, werden auch *sie* positiv mit diesen Dingen umgehen.
Viele Eltern verhalten sich deshalb als »Eltern«, weil sie glauben, dass das von ihnen in Bezug auf ihre Kinder *erwartet* wird.
Dennoch lassen sich die meisten Kinder davon nicht täuschen. Sie sehen, dass ihre Eltern »des Kaisers neue Kleider« tragen.

Was heißt das?

FRAG DEINE ELTERN!

* * *

Werde ich als Mutter die gleichen Fehler machen, die meine Eltern gegenwärtig machen? Werde ich das Gleiche tun, obwohl ich vieles davon regelrecht hasse? Ich stelle dir diese Frage, weil meine Eltern behaupten, dass ich mich später einmal genau so verhalten würde wie sie. Sie sagen: »Wenn du erst selbst Kinder hast, wirst du die Dinge ganz anderes sehen.« Stimmt das? Ich hoffe nicht.

Sandra, 15, aus Knoxville, Tennessee

DU WIRST VIELE Dinge anders sehen als heute, daran besteht kein Zweifel. Jeden Tag siehst du dich und die Welt in einem anderen Licht, sonst wäre keine Veränderung und kein Wachstum möglich. Auf diese Weise vollzieht sich die Evolution. Und du *möchtest* auch, dass dieser Wandel geschieht. Aber das muss nicht bedeuten, dass du die Dinge genauso tun wirst wie deine Eltern.
Vielleicht tust du es, vielleicht aber auch nicht. Du wirst die Ansichten und das Verhalten deiner Eltern überneh-

men, wenn du dich nicht bewusst anders entscheidest. Was du konkret tun wirst, hängt davon ab, was du über dich denkst. Du bestimmst dich in jedem Moment. Jeden Tag entscheidest du, Wer Du Bist und wer du sein willst. Die meisten Menschen sehen das Leben anders und beteiligen sich nicht aktiv an diesem Prozess der Selbstverwirklichung. Der Wendepunkt im Leben kommt dann, wenn du an diesem Prozess teilnimmst.

Du kannst schon anfangen, dich damit auseinander zu setzen, was es für dich bedeutet, Vater oder Mutter zu sein. Möchtest du gerne eine echte Freundschaft mit deinen Kindern? Sollen sie mit allen Problemen zu dir kommen und dich immer um Rat und einen Gefallen bitten können?

Alles, was deine Eltern dir gegeben haben, war ein Geschenk. Nicht nur die Dinge, die du gern von ihnen annimmst, auch die Dinge, die du ablehnst. Nicht nur die Dinge, an die du dich gern erinnerst, auch die Dinge, die du am liebsten vergessen willst. Nicht nur all das, was dich zum Lachen gebracht hat, sondern auch das, was dich weinen ließ.

Das alles ist ein riesiger Schatz. Aus ihm kannst du dir das aussuchen, was du für *dich* brauchst und benutzen willst. Und so steht es mit allen Dingen des Lebens, nicht nur mit denen, die du von deinen Eltern empfangen hast.

16

Die Zukunft

Wird es mir als Erwachsener gut gehen, oder werde ich mich durchschlagen müssen?

Walter, 14, aus Ashland, Oregon

Kannst du mir eine Ahnung davon geben, wie meine Zukunft aussehen wird?

Jeanne, 15

JEANNE, WALTER, ICH erschaffe eure Zukunft nicht – ihr tut es.

Alle fragen mich die ganze Zeit, wie ihre Zukunft aussehen wird. Ich antworte immer: »Ich weiß es nicht. Wie *wird* eure Zukunft aussehen?« Sie antworten dann, dass ich es aber wissen müsse. Worauf ich erwidere: »Nur ihr selbst könnt es wissen.« Sie sagen, dass ich die Macht hätte, über die Zukunft zu entscheiden. Und ich sage: »Nein, ihr bestimmt eure Zukunft selbst!«

Schaut, das Leben funktioniert auf eine bestimmte Weise. Ihr entscheidet, was ihr sein wollt, und ich lasse eure Wünsche Wirklichkeit werden. Da ihr eure Beziehung zu Gott jedoch genau umgekehrt seht, macht ihr auf eurem Planeten all diese verzerrten und nicht der Wirklichkeit entsprechenden Erfahrungen.

Du meinst also, ich kann alles haben, was ich will?

NEIN. GOTT SAGT, du kannst nicht alles haben, was du willst.

Warum nicht?

ICH SAGTE, DU kannst nicht alles haben, was du willst. Und je mehr du etwas willst, desto kleiner wird die Chance, dass du es jemals haben wirst.

Was willst du damit sagen?

DIES IST DER Prozess der Schöpfung.
Erinnerst du dich noch daran, was ich darüber gesagt habe, wie ihr eure Realität erschafft? Ihr tut dies mit Gedanken, Worten und Taten. Wenn du also denkst »Ich möchte einen Partner für meine Mutter und einen Vater für mich«, dann *wirst* du die Erfahrung machen, eine solche Person »haben zu wollen.«

Warum? Ich verstehe das alles nicht.

DAS, WAS DU denkst und aussprichst, wird genauso zu deiner Erfahrung. Am Anfang war das Wort, und das Wort wurde zu Fleisch.

Jetzt kapier ich gar nichts mehr.

WAS DU DENKST, SAGST und TUST, wird für dich Wirklichkeit.
Wenn du DENKST, dass du dies oder das willst, und

SAGST, dass du dies oder das willst, und so HANDELST, als ob du dies oder das willst, dann schaffst du dir damit die Erfahrung, ETWAS ZU WOLLEN.
Erinnere dich daran, dass die Wörter »ich« und »ich bin« Schlüssel sind, mit denen du den Prozess der Schöpfung in Gang setzt. Alles, was nach den Wörtern »ich« oder »ich bin« kommt, wird zu deiner unmittelbaren Erfahrung.
Wenn du sagst: »Ich *will* das und das …«, dann wirst du dies erfahren. Du wirst die Erfahrung machen, es zu *wollen*.
Achte also genau auf deine Gedanken, Worte und Taten und pass auf, dass sie auch das ausdrücken, was sich in deinem Leben ereignen soll.

Heißt das, ich muss jedes Wort, das ich sage, vorher auf die Goldwaage legen?

NEIN. WENN DAS erforderlich wäre, würden alle verrückt werden. Es reicht, wenn du darauf achtest, wie du *in der Regel* denkst, welche Dinge du *ständig* sagst und *wie oft* du in einer bestimmten Weise handelst.
Wenn du ununterbrochen auf eine bestimmte Weise denkst, redest und handelst, erzeugt das mächtige Schwingungen, wie wir weiter vorne in unserem Gespräch bereits gesehen haben. Diese energetischen Schwingungen erzeugen deine Realität.

* * *

Wird die Erde ihre Achse verändern oder ein gigantisches Erdbeben alles im Meer versenken? Überall hört man ja solche Voraussagen.

Gina, 14, aus San Diego, Kalifornien

Du sollteSt dich nicht mit solch düsteren Prognosen beschäftigen, Gina. Sprich lieber darüber, wie wundervoll es in Zukunft auf der Erde sein wird. Wenn du willst, kannst du dabei helfen, diese Zukunft Wirklichkeit werden zu lassen.
Ich habe keine Pläne zur Zerstörung dieses Planeten. Wünschst du dir seinen Untergang?
Ermutige die Erwachsenen, die du kennst, sich aktiv für die Umwelt einzusetzen. Bitte sie, darauf zu achten, dass die globale Temperatur sich nicht erhöht, sondern in dem Bereich bleibt, der aus der Erde ein Paradies macht. Sag ihnen auch, sie sollen aufhören, die Ozonschicht zu zerstören.
Bitte die Erwachsenen, sich von der Abhängigkeit von fossilen Brennstoffen zu lösen und die Atmosphäre nicht weiter zu verschmutzen. Es gibt auch andere Möglichkeiten der Energieproduktion.
Dränge sie dazu, die Wälder zu erhalten und sie nicht abzuholzen, damit sie am Sonntag ihre Zeitung lesen können. Ihr könnt stattdessen bestimmte Pflanzen anbauen, die euch mit genügend Rohstoffen zur Papierherstellung versorgen.
Ihr müsst Häuser auch nicht länger aus Holz bauen. Ihr zerstört das Sauerstoffsystem dieses Planeten ohne ersichtlichen Grund.
Bitte die ältere Generation auch, das Wasser rein zu halten. Und hört auf, so viel davon zu benutzen. Gebt der Erde die Möglichkeit, sich selbst wieder aufzufüllen. Eure natürlichen Systeme sind unter enormen Stress geraten. Dies war nicht notwendig.
Euer nährstoffreicher Ackerboden ist fast schon gänzlich zerstört. Besonders in den USA weigern sich landwirt-

schaftliche Interessengruppen, sich an die Fruchtfolge zu halten und den Feldern eine Chance zur Selbstregeneration zu geben. Sie hauen lieber Dünger auf den Boden, in der irrigen Annahme, die Arbeit der Natur selbst erledigen zu können. Die chemische Belastung hat so zugenommen, dass es immer häufiger zu Todesfällen kommt.

Willst du damit sagen, dass der Tag des »Jüngsten Gerichts« nicht mehr weit ist?

Das »Jüngste Gericht« ist noch fern, es sei denn, ihr beschließt, es schon morgen kommen zu lassen. Eure Gattung trifft diese Entscheidung in jedem Moment, durch die unzähligen Entscheidungen, die jeden Tag getroffen werden.
Zum Glück habt ihr mit zunehmendem Alter ein größeres Mitspracherecht. Eure Stimme ist die Stimme, die die Welt verändern kann.

Du sprichst immer davon, »die Welt zu verändern«. Ich habe im Moment aber einfach keine Lust dazu. Habe ich gar keine Möglichkeit mehr, mich einfach zu entspannen und die Dinge auf mich zukommen zu lassen? Können wir nicht einfach noch ein wenig abhängen, bevor wir uns um all das kümmern, was nicht in Ordnung ist?

Gute Frage! Die Antwort lautet ja! Ihr könnt euch nicht nur entspannen, bevor ihr euch mit all den Problemen und Herausforderungen auseinander setzt, ihr könnt auch locker bleiben, *während* ihr dies tut!
Stressfreiheit ist ein wichtiger Teil des Ganzen, und ich bin froh, dass du dieses Thema anschneidest. Es ist nicht

nötig, dass du von nun an die Last der ganzen Welt auf deine Schultern nimmst. Niemand hätte etwas davon, wenn du dies tun würdest.
Erfreu dich am Leben!
Hab Spaß. Versprüh Freude. Verschenk Liebe.
Das ist der dreispurige Weg.
Hab Spaß. Versprüh Freude. Verschenk Liebe.
Das ist die dreieinige Mission.
Hab Spaß. Versprüh Freude. Verschenk Liebe.
Das ist die dreizackige Krone der Menschheit.

17

Leiden und Tod

Warum müssen so viele Menschen leiden, wenn du doch die Macht hast, um alle glücklich zu machen?

Eric, 13

LIEBER ERIC, DIESE Frage wird schon seit Anbeginn der Zeit gestellt. Und die Menschen haben sie deshalb immer wieder gestellt, weil die Antworten, die sie bislang erhielten, keinen Sinn ergaben.

Den Menschen wurde erzählt, dass Leiden gut sei, und einige Lehrer haben sogar gesagt, ich würde von euch *verlangen*, dass ihr leidet. Auch wurde gelehrt, dass Leiden helfen würde, »eure Sünden zu bezahlen«, oder dass man »die armen Seelen im Fegefeuer« damit »freikaufen« könne, was so viel heißt wie: Ich erlöse eure Vorfahren schneller aus ihrer Qual, wenn ihr euch dafür länger quält.

Die letzte Sichtweise ist besonders traurig, denn sie zeichnet von mir das Bild eines verrückten, heimtückischen und unersättlichen Gottes, der deine Pein als eine Art »Bestechungsgeld« nimmt, um denen, die du liebst, eine »vorzeitige Strafverschonung« zu gewähren. Solch ein Gott würde sagen: »Du kannst *ihr* Leiden dadurch beenden, dass du mit *deinem* anfängst – aber irgendjemand muss auf jeden Fall leiden.«

Diese ganze Vorstellung widerspricht so sehr dem Bild eines liebenden und fürsorglichen Gottes, und dennoch wurde es jahrhundertelang von einer der mächtigsten Religionen der Erde gelehrt.
Solche und andere Glaubenssätze haben dazu geführt, dass Menschen schreckliche Qualen erlitten haben, und zwar völlig ohne Grund. Ich möchte nicht, dass Menschen leiden. Der Grund, warum ich die Menschen in ihrem Tun gewähren lasse, liegt darin, dass ich ihnen einen freien Willen gegeben habe, um das zu leben und zu erfahren, was sie wollen. Wenn ich ihnen diesen freien Willen nehmen würde und ihnen einfach erklärte, »wie die Dinge von nun an laufen«, würde der ganze Sinn des Lebens auf den Kopf gestellt.
Dieser Sinn wurde inzwischen schon mehrmals dargelegt. Er besteht darin, der menschlichen Seele die Möglichkeit zu geben, sich selbst vollständig zu erfahren und freiheraus die Bedingungen zu schaffen, die dafür nötig sind.
Aber um es noch einmal klarzustellen: Ich habe niemals gesagt, dass Leiden gut sei, und ich habe niemals verlangt, dass ihr mehr leidet, als ihr eure eigenen Tiere leiden lassen würdet, wenn sie sich sichtbar quälen.

Im letzten Sommer haben wir unsere kranke Katze einschläfern lassen, weil der Tierarzt sagte, dass sie nur noch leiden würde und es das Beste für sie sei. Warum erlaubst du, dass wir dies mit Tieren machen, und schickst uns in die Hölle, wenn wir Menschen von ihrem Leiden erlösen?

Marsha, 13, aus Birmingham, Alabama

Ich schicke niemanden in die Hölle, Marsha, aus welchem Grund auch immer. Du weist da auf einen Wider-

spruch hin, der offenbart, wie verwirrt die Menschheit ist, wenn es um die Erfahrung des Leidens geht.
Natürlich hat es keinen Sinn, deine Katze menschlicher zu behandeln als deine Großmutter. Allein schon die Vernunft legt nahe, dass kein lebendes Wesen grundlos leiden sollte.

Heißt das, dass Sterbehilfe in schweren Krankheitsfällen in Ordnung ist?

DIE ÄRZTE TUN die ganze Zeit schon nichts anderes. Sie hängen es nur nicht an die große Glocke. Familienangehörige haben stillschweigend darum gebeten, und in manchen Fällen haben sie es auch selbst getan. Unter bestimmten Umständen haben Menschen also das Gefühl, dass es in Ordnung ist, beim Sterben zu helfen. Aber du darfst nicht außer Acht lassen, dass Sterbehilfe in fast allen Ländern gesetzlich verboten ist. Du kannst also ins Gefängnis wandern, wenn du Sterbehilfe leistest.

Warum erlassen die Menschen solche blöden Gesetze?

Enrique, 15, aus Mexico City

BISLANG WURDE NOCH nicht gefordert, dass menschliche Gesetze und Glaubenslehren sinnvoll sein sollen.
Gesetze zu verändern, die keinen Sinn ergeben, gehört also zu den Dingen, die junge Menschen tun können, um wirkliche Veränderungen herbeizuführen.

Wenn du so viel Macht besitzt, warum beendest du dann nicht das Leiden ein für allemal? Warum streichst du es nicht aus der Liste menschlicher Erfahrungsmöglichkeiten?

Brad, 15

Ich habe euch die Möglichkeiten gegeben, dies zu tun, Brad. Aber als Menschen habt ihr einen freien Willen, und daher habt ihr euch bislang noch nicht dazu entschlossen, diese Möglichkeiten zu nutzen.
Die meisten Zustände auf eurem Planeten, unter denen Menschen leiden, wurden von Menschen verursacht und könnten ebenso gut wieder beseitigt werden. Aber ihr weigert euch einfach, dies zu tun.
Ein großer Prozentsatz der menschlichen Krankheiten – genau genommen fast alle – ließe sich verhindern, wenn die Menschen ihr Verhalten ändern würden.
All das Sterben, das dadurch verursacht wird, dass Menschen sich nicht einig sind und Kriege miteinander führen, wäre ebenfalls zu verhindern, wenn die Menschen andere Glaubensvorstellungen entwickeln und dadurch ihr Verhalten grundlegend ändern würden.
Sogar die meisten Unfälle ließen sich dadurch verhindern, dass die Menschen ihre Ansichten und ihr Verhalten ändern.
Emotionaler Stress, Sorgen, Angst, Schuld, Depression und psychische Qualen könnten ebenfalls beseitigt werden, wenn die Menschen sich anders verhalten würden.

Kannst du mir ein paar Beispiele für solche Veränderungen nennen?

Die Leute könnten zum Beispiel mit dem Rauchen aufhören und dadurch unsägliches Leiden und jedes Jahr Tausende von Sterbefällen vermeiden.
Die Leute könnten aufhören, Fleisch von toten Tieren zu essen und dadurch ebenfalls viel Leiden und viele Todesfälle verhindern.

Die Leute könnten den Zugang zu Feuerwaffen erschweren und verhindern, dass man an jeder Straßenecke Drogen kaufen kann.
Sie könnten aufhören, Chemikalien in Bäche und Flüsse einzuleiten, Giftstoffe in die Luft freizusetzen und Millionen von Bäumen zu fällen, von denen viele auf Grund ihres Alters nicht schnell mal wieder neu angepflanzt werden können. Sie könnten damit aufhören, die Ressourcen der Erde schneller zu verbrauchen, als die Natur sie wieder auffüllen kann.
Die Leute könnten sich entscheiden – einfach nur *entscheiden* –, dass sie sich nicht weiter wegen individueller, nationaler oder internationaler Streitigkeiten gegenseitig töten, sondern einen anderen Weg finden, um Probleme zu lösen.
Die Leute könnten sich dafür entscheiden, nicht weiter mit Geheimnissen, Lügen und Heucheleien zu leben, sondern einander einfach die Wahrheit zu sagen.
Die Leute könnten ihr Leben auf eine neue Grundlage stellen, ihre Prioritäten ändern, die Definition ihres Selbst erweitern und ihr Verständnis der Liebe vertiefen.
Sie könnten all dies und noch viel mehr tun.

Warum tun sie es dann nicht? Was in aller Welt hindert sie daran?

KURZFRISTIGER NUTZEN. SIE wollen ihren kurzfristigen Nutzen nicht aufgeben. Ob es sofortiges Vergnügen oder sofortiger Profit ist, sie sind nicht bereit, dies aufzugeben. In dieser Hinsicht sind sie sehr kurzsichtig und nicht in der Lage, den langfristigen Schaden zu sehen, den sie für sich selbst und andere verursachen.

Das klingt ja alles nicht gerade hoffnungsvoll. Du meintest, dieses Buch sei in meine Hände gelangt, um mich aus meiner Hoffnungslosigkeit zu befreien. Ich verstehe das alles nicht.

Die Zustände und Bedingungen, die all das Leiden in der Welt verursachen, sind veränderbar. Um sie verändern zu können, müsst ihr zuerst eure Glaubenssätze und dann eure Verhaltensweisen ändern. An dieser Stelle kommt die Hoffnung ins Spiel.
Ihr seid »die Gesellschaft« von morgen. Und mit den Mitteln, die ich euch in diesem Buch gebe, könnt ihr eine neue Welt schaffen, wenn ihr dies wollt.
Das Wichtigste, was die Menschen im Augenblick verändern sollten, ist ihr Hang zu kurzfristiger Befriedigung und zum Ausblenden langfristiger Konsequenzen.
Wenn du diese Einstellung in irgendeiner Form auch in dir entdeckst, kannst du – wenn du es möchtest – sofort damit anfangen, sie zu verändern. Du musst nicht warten, bis du älter bist. Du kannst dir sofort ein anderes Verhalten angewöhnen, sodass du auf deine Rolle vorbereitet bist, wenn die Zeit gekommen ist, in noch größerem Umfang ins Leben hinauszutreten.

Was kann ich jetzt konkret tun?

Schau, ob es dir Spaß macht, ein wenig weiter vorauszuschauen, wenn du Entscheidungen für dich triffst. Mach dir klar, was du dir langfristig davon versprichst und wie du diese Ziele erreichen kannst.
Wenn du beispielsweise die Schule ohne viel Probleme, Enttäuschungen und Auseinandersetzungen durchlaufen

willst, dient es dir dann, bestimmte Klausuren und Kurse sausen zu lassen, weil du etwas anderes vorhast?
Wenn du später keine gesundheitlichen Probleme und keine emotionalen Schwierigkeiten bekommen möchtest, dient es dir dann, diese Droge zu nehmen oder deinen Körper mit Alkohol zu vergiften, nur weil du glaubst, dich im Augenblick damit wohl zu fühlen?
Es geht um dein Leben, und du kannst tun und lassen, was du willst. Aber denk daran, dass du nicht nur diese Sekunde, diese Minute und diese Stunde erschaffst. Du bestimmst mit dem, was du hier und jetzt tust, auch dein ganzes späteres Leben.
Denk immer daran: *Jede Entscheidung, die du triffst, beschränkt sich nicht auf einen Moment, sondern hat Auswirkungen auf die Zukunft.*
Um es anders auszudrücken: Sehr oft triffst du eine größere Entscheidung, als du denkst.
Das heißt natürlich nicht, dass du dich in ein übervorsichtiges kleines Mäuschen verwandeln sollst. Ich möchte dich lediglich darauf hinweisen, sorgfältig alle möglichen Auswirkungen deiner Entscheidungen in Betracht zu ziehen – einschließlich der Auswirkungen, die sich erst in Zukunft zeigen werden.
Die Menschen, die heute schon etwas älter sind, haben dies nicht immer getan. Ehrlich gesagt, haben sie sich überhaupt nicht darum gekümmert. Sei dennoch nicht zu hart in deinem Urteil, denn ein Großteil der Menschheit lebt schon lange in einer Illusion.
Erst seit neuester Zeit sind Informationen über die wahre Natur des Lebens und die Aufgabe von jedem Einzelnen zugänglich, und zwar in klarer und verständlicher Weise.

Wann wird das menschliche Leiden aufhören?

Wesley, 16

WENN DIE MENSCHEN ihr Verhalten ändern, Wesley. Und wenn sie verstehen, dass das Leiden als solches eine Erfahrung ist, die sie selbst wählen.
Alles Leiden – wodurch es auch immer entstehen mag – kann in jedem Augenblick geheilt werden.

Wirklich?

JA. AUCH WENN sich nicht alle Krankheitszustände beseitigen lassen, können doch alle Krankheiten geheilt werden.

Gibt es da einen Unterschied?

JA, EINEN WESENTLICHEN. Zum einen geht es um den Zustand der Krankheit und zum anderen um die Art und Weise, wie dieser Zustand erlebt wird.
Wenn du zum Beispiel Kopfschmerzen hast, kannst du verändern, wie du damit umgehst, ohne dabei den Zustand als solchen beseitigen zu können.
Ihr habt das alle schon oft getan. Ihr habt euch einfach dazu entschlossen, euch nicht von euren Kopfschmerzen davon abhalten zu lassen, etwas Bestimmtes zu tun. Also tut ihr das, was ihr vorhattet, ohne den Kopfschmerzen weitere Beachtung zu schenken. Ihr habt dann zwar immer noch Kopfschmerzen, aber leidet nicht mehr unter ihnen.
Ihr seid also von den Schmerzen »geheilt«, obwohl sie – als *Zustand* – immer noch da sind.

Oftmals bewirkt diese Art von Heilung ein tatsächliches Aufhören der Ursachen. Die Kopfschmerzen sind plötzlich verschwunden.
Ich benutze dieses Beispiel gern, denn diese Vorgehensweise ist weit verbreitet. Viele Menschen wenden diesen Heilungsprozess auf Zustände an, die weit ernster sind als Kopfschmerzen. Diese Art von Heilung entsteht durch Göttlichen Segen, und oft verschwinden die Krankheitszustände wie durch ein Wunder.
Schmerz und Leiden sind nicht das Gleiche. Schmerz ist eine körperliche oder emotionale Erfahrung, und Leiden ist das, was ihr innerlich daraus macht.

Das verstehe ich nicht. Was meinst du damit?

Dass du Schmerzen haben kannst, ohne darunter zu leiden. Schmerz ist etwas, das du fühlst, und Leiden ist deine Reaktion auf den Schmerz.

Du meinst, man kann Schmerzen haben, ohne unter ihnen zu leiden? Das klingt für mich total verrückt.

Ist es aber nicht. Viele Menschen haben Schmerzen, ohne unter ihnen zu leiden. Gebärende Frauen sind ein Beispiel. Viele Mütter leiden keineswegs unter der Geburt, denn sie sind offen gegenüber dem Schmerz und nehmen ihn völlig an.
Viele Menschen mit chronischen Schmerzen (das heißt mit Schmerzen, die über Tage, Wochen, Monate und sogar Jahre ununterbrochen andauern) haben es gelernt, mit ihnen zu leben, ohne unter ihnen zu leiden. Manche sind so froh, am Leben zu sein, dass sie sich auf eine Ebene be-

geben haben, wo sie einen Schmerz, den andere für unerträglich halten würden, meistern.
Es gibt noch andere Beispiele, wo körperlicher Schmerz nicht notwendigerweise Leiden erzeugt. Einen entzündeten Zahn gezogen zu bekommen, mag schmerzhaft sein, ist aber letztlich eine *Befreiung* von einem leidvollen Zustand. Aber dies ist nur ein Beispiel von vielen anderen.
Was emotionale Schmerzen anbetrifft, so machen immer mehr Menschen die Erfahrung, dass man sie zulassen muss, um zu einer Heilung kommen zu können. Auf diese Weise sind Schmerzen nicht länger nur die Ursache für Leiden, sondern ermöglichen auch persönliches Wachstum. Kummer ist ein gutes Beispiel in dieser Hinsicht. Aber auch Wut, wenn sie in angemessener Weise – ohne sich selbst und andere zu gefährden – ausgedrückt wird, kann einen Prozess der Heilung bewirken.
Schmerz und Leiden sind also nicht das Gleiche. Wenn du nicht länger leiden willst, obwohl du Schmerzen hast, solltest du dir klarmachen, warum du in diesem Zustand bist. *Benutze* auf diese Weise deinen Schmerz. Er kann ein Werkzeug sein, um dich zu ganz neuen Erfahrungen zu bringen.

* * *

Ich habe viele Fragen. Ich weiß, dass ich eigentlich nur eine Frage an dich richten sollte, aber ich habe so viele, die mir auf der Seele brennen. Hier sind einige von ihnen: Warum müssen Menschen sterben? Leben wir hier auf Erden bereits in der Hölle? Ist mein Leben der Traum eines anderen? Wie sieht der Himmel aus? Warum können die Menschen nicht ewig leben?

Andrea, 17

Ha! Vielen Dank, Andrea. Ich danke dir dafür, dass du die Gelegenheit beim Schopf ergreifen und es jetzt einfach »wissen willst«. Ich will deine Fragen also gern der Reihe nach beantworten.
Niemand stirbt, Andrea, alle verändern nur ihre Gestalt. Für eine Zeit lang existieren sie als »Menschen«, danach werden sie zu »geistigen Wesen«. Wann immer sie es wollen, können sie wieder menschliche Gestalt annehmen, sie können sich aber genauso gut in andere Formen verwandeln.
Ihr seid alle Göttliche Wesen, die auf ewig verschiedene Gestalten annehmen. Ihr seid ein Ausdruck Gottes, oder – anders ausgedrückt – *Göttliche Information.*
Aber warum durchlauft ihr all diese Prozesse? Warum tun die Menschen so etwas, das ihr »sterben« nennt? Sie tun dies, weil das ganze Leben ein Kreislauf ist und die Menschen, wie alle anderen Wesen und Dinge auch, diesem Kreislauf unterworfen sind.
Selbst wenn du nicht dazu gezwungen werden würdest (und niemand zwingt dich, nebenbei bemerkt), so würdest du dich doch eines Tages dafür entscheiden, deinen gegenwärtigen Körper zu verlassen und in die spirituelle Welt zurückzukehren. Es ist der natürliche Verlauf des Lebens, sich wieder mit Allem Was Ist (was ihr »Gott« nennt) zu verbinden und dann wieder als eine individuelle Version dieses All-Seins in Erscheinung zu treten. Auf diese Weise durchläufst du diesen ewigen Kreislauf immer aufs Neue.

Du meinst, das hört nie auf? Ich werde niemals für immer »bei Gott« bleiben?

Du willst nicht, dass es jemals endet, denn sonst würde das Leben als solches enden. Dieser Kreislauf IST das Leben. Es besteht darin, dass Gott ein- und ausatmet.
So wie sich der Mond um die Erde dreht und die Erde sich um die Sonne, so bewegt sich alles im Leben auf die Einheit mit dem ALL-SEIN zu und geht wiederum aus ihr hervor.

Warum geschieht das?

Du kannst etwas nur dadurch erfahren, dass sein Gegenteil existiert. Du kannst dich nicht als »groß« erleben, wenn nicht auch das Kleine existiert. Etwas als »warm« zu empfinden, geht nur, wenn du auch weißt, wie sich das Kalte anfühlt. Verstehst du?
Wenn du niemals das Gefühl der Kälte hättest, könntest du nichts als warm empfinden. Wenn es immer nur die gleiche Temperatur gäbe, wüsstest du noch nicht einmal, was Temperatur überhaupt ist. In Abwesenheit einer anderen Temperatur würde die Erfahrung unterschiedlicher Wärmegrade verschwinden.
In gleicher Weise könntest du nicht Gott erfahren, wenn es nicht etwas anderes gäbe als Gott. Wenn du nur die Einheit mit Allem Was Ist wahrnehmen würdest, hättest du niemals die Möglichkeit, das erneute Einssein mit Allem Was Ist zu erfahren, denn du wärst niemals davon getrennt.
Weil deine Seele, die ein Teil Gottes ist, dieses intuitiv weiß, möchte sie das Einssein mit Allem Was Ist erfahren und wieder vergessen, um es erneut erfahren zu können und wieder zu vergessen … und so weiter in einem ewigen Kreislauf.

Deine Seele wird wieder mit Allem Was Ist eins sein und sich dann als individueller Teil des Ganzen erneut inkarnieren, mit Allem Was Ist verbunden, aber gleichzeitig von ihm getrennt, genauso wie deine Hand von deinem Fuß getrennt ist, aber beide untrennbarer Teil desselben Körpers sind.
Dies alles ist damit gemeint, wenn es heißt, dass du wiedergeboren wirst. Und du wirst unzählige Male wiedergeboren.
Du lebst nicht in der Hölle, denn die Hölle existiert gar nicht. Dennoch könnt ihr die Illusion einer Hölle erzeugen und sie dann auch erfahren.
Hölle ist die Erfahrung, dass du vergisst, wer du wirklich bist. Hölle ist die Vorstellung, auf ewig von mir getrennt zu sein. Hölle ist die Vorstellung, nichts wert, ungeliebt und nicht liebenswert zu sein. Hölle ist die Vorstellung, dass du nutzlos und ohne Hoffnung bist und dass dein Leben keinen Sinn hat. Du bist nichts von alledem, aber wenn du vergessen hast, wer du wirklich bist, befindest du dich in dieser vorgestellten »Hölle«.
Es gibt eine sichere Möglichkeit, sich wieder daran zu erinnern, Wer Du Wirklich Bist. Erinnere andere daran, wer *sie* sind. Wenn ihr euch gegenseitig daran erinnert, wird es euch allen wieder klar werden.
Dies könnte, wenn du möchtest, ein Teil deiner Aufgabe sein, während du auf dieser Erde bist. Es ist eine wundervolle Arbeit. Sie macht Spaß, bringt Freude und gründet sich auf Liebe.

Wie kann ich diese Arbeit tun? Wie kann ich Menschen daran erinnern, »wer sie wirklich sind«?

Es ist so einfach, dass du es nicht glauben wirst. Du kannst es durch ein Lächeln tun, mit einem freundlichen Wort und mit einer liebevollen Geste.
Mit diesen kleinen Zeichen (die ein großes Geschenk sein können) kannst du die Menschen wieder an sich selbst erinnern. Du kannst sie wieder zu der großartigsten Idee dessen, was sie sind, zurückbringen. Du kannst sie wieder mit ihrer Kraft verbinden – ihrer Ursprünglichen Macht.
Du fragtest, wie der Himmel aussieht. Das eben Gesagte kommt dem Himmel schon sehr nahe, denn er existiert nicht als ein bestimmter Ort. Der Himmel ist ein Geisteszustand. Er ist die Erfahrung eures Einsseins mit Allem Was Ist und die Gewissheit, dass ihr *das seid,* auch wenn ihr es gegenwärtig nicht erlebt.
Du hast auch danach gefragt, ob du den Traum eines anderen lebst. Das ist eine sehr interessante Frage, und die Antwort lautet ja. Nur sind es deine eigenen Träume, die du lebst.
Das Leben, das du lebst, ist ein Traum, eine Illusion. Wenn du das tust, was du »sterben« nennst, dann wachst du eigentlich aus diesem Traum auf. Du lässt die Illusion hinter dir und betrittst die Letzte Realität, die du »Himmel« nennst. Diese Letzte Realität ist ein Bewusstseinszustand und kein physischer Ort.
Und nun komme ich zu deiner letzten Frage. In Wirklichkeit leben die Menschen »ewig«. Das Leben hört niemals auf, und der Tod ist nur ein Horizont. Im Moment deines Todes wirst du dies erkennen.

* * *

Warum und wie triffst du die Entscheidung, dass jemand sterben soll? Mein Vater starb unerwartet, als ich noch klein war, und ich habe nie verstanden, warum er sterben musste.

Victoria, 14

Gott entscheidet nicht, wann Menschen sterben müssen, Victoria. Ich habe nicht bewirkt, dass dein Vater starb, als du noch klein warst. Dein Vater starb damals, weil das der nächste Schritt auf der Reise seiner Seele war.

In Gottes Welt ist alles vollkommen, und die Seele macht immer die Erfahrung, für die sie im Moment vollkommen vorbereitet ist.

Ich weiß, dass der Tod deines Vaters dich tief berührt hat und dass deine Traurigkeit nicht dadurch verschwindet, dass ich hier über Vollkommenheit spreche. Das sollte sie auch gar nicht.

Es ist in Ordnung, traurig zu sein. Du musst dich nicht dafür entschuldigen oder versuchen, dieses Gefühl »loszuwerden«. Dennoch gibt es eine Möglichkeit, wie du deine Traurigkeit nutzen kannst.

Vielleicht gelingt es dir, deine Traurigkeit in etwas zu verwandeln, das dir und anderen in diesem Leben hilft. Auf diese Weise kannst du ihr einen Sinn geben.

Tiefe Trauer über so einen Verlust, wie du ihn erfahren hast, kann Menschen in mitfühlende, sensible und zutiefst fürsorgliche Wesen verwandeln. Anstatt für den Rest ihres Lebens missmutig und ärgerlich zu sein, können sie sich dafür entscheiden, sich dem Glück und der Liebe zuzuwenden.

Wer diese Entscheidung trifft, ist auf einzigartige Weise dazu in der Lage und darauf vorbereitet, Menschen zu helfen, die mit großer Trauer in ihrem Leben konfrontiert sind – und er oder sie mag große Befriedigung und Freude darin finden.

Meinst du, dass ich so etwas tun sollte?

Es gibt im Leben kein »sollte«. Es gibt keinen vorgezeichneten Weg, dem du folgen musst, keine »Mission«, die nur auf dich gewartet hat. Es gibt einfach nur die Wahl und die Notwendigkeit, sich in jedem Moment zu entscheiden.
Du kannst dich in jedem Augenblick fragen: »Wie kann ich das, was mir das Leben gegeben hat, auf sinnvolle Weise nutzen?« Wenn du dazu bereit bist, bekräftigst du den Sinn des Lebens als solchen, der darin besteht, dich in der nächstgrößeren Version der großartigsten Vision, die du je über Wer Du Bist hattest, aufs Neue zu erschaffen.
All das kannst du dir überlegen, während du im Leben voranschreitest. Du musst nicht gleich hier und jetzt eine Entscheidung fürs Leben treffen. Aber in jedem Moment kannst du *die Frage stellen* und eine Antwort finden, die funktioniert, die Sinn ergibt und dich augenblicklich mit Glück, Frieden und Freude verbindet.
Du hast sicherlich bereits bemerkt, dass sich viele deiner Freunde oder Freundinnen an dich wenden, wenn sie jemanden zum Reden oder zum Zuhören brauchen oder jemanden, der ihnen einen Ratschlag gibt.
Dies alles geschieht nicht zufällig. Du hast bereits angefangen, die Energie von tiefem Verstehen und Mitgefühl für diejenigen auszustrahlen, die verwirrt, verletzt und voller Schmerzen sind. Was du mit diesem Teil von Wer Du Bist anfängst, ist deine Entscheidung. Es besteht je-

doch kein Zweifel, dass dieser Teil existiert – und er existiert *auf Grund deiner eigenen Lebenserfahrungen*.
Und vielleicht verstehst du nun ein wenig mehr, dass der Tod deines Vaters zu so einem frühen Zeitpunkt in deinem Leben auch den nächsten Abschnitt auf der Reise *deiner* Seele bedeutete.
Wie zwei Fäden eines gigantischen Teppichs ist das Leben deines Vaters mit deinem Leben verbunden, verschlungen zu einem wunderschönen Muster.

Ich wünschte, jemand könnte mir dieses Bild erklären, sodass ich wenigstens verstehen kann, warum die Dinge auf diese Weise geschehen sind.

MEINE WUNDERBARE FREUNDIN, der Grund, warum dir das niemand erklären kann, liegt darin, dass der Teppich noch nicht fertig ist. *Du bist gerade dabei, dieses Bild zu erschaffen.*
Genauso wie dein Vater.
Glaubst du, dass er tot ist? Ich sage dir, er ist nicht tot und wird auch niemals tot sein. Er wird ewig leben, und es war *nicht das letzte Mal, dass sich eure Wege kreuzten*.
Es war auch nicht das erste Mal, dass ihr euch begegnet seid.
Keine Seele verbindet sich mit einem Körper oder verlässt ihn zu einer Zeit, die nicht angemessen ist. Für Geburt und Sterben gibt es keine falsche Zeit, kein »zu früh« oder »zu spät«.
Die vollständige Aufgabe der Seele ist einem nicht immer bewusst und kann auch von keinem anderen Menschen gewusst oder verstanden werden. Ich kann dir dennoch versichern, dass sie jetzt für deinen Vater vollkommen Sinn

ergibt. Und der Tag wird kommen, an dem auch du alles auf vollkommene Weise verstehst. Ich verspreche es dir.
Bis dahin, vertraue dem Leben. Das ist es, wozu dich dein Vater im Himmel auffordert. Vertraue dem Leben und liebe es. Lebe es voll und mit Schwung und mit Freude.
Hab Spaß.
Versprüh Freude.
Schenk Liebe.
Das ist der dreispurige Weg.

* * *

Stimmt es, dass bestimmte Menschen – Hellseher und Medien – mit Geistwesen sprechen können? Warum nehmen die Verstorbenen nicht direkt mit uns Kontakt auf?

Alex, 19

SIE TUN ES, Alex. Sie tun es die ganze Zeit.
Lass mich ein Beispiel benutzen, um dir das Ganze klar zu machen. Unsere Freundin Victoria, die die letzte Frage gestellt hatte, *empfing gerade eine Mitteilung von ihrem Vater*.
Sie kann daran nun glauben oder nicht, ganz wie es ihr gefällt. Ihre Reaktion hat keinen Einfluss auf die Tatsache, dass ihr Vater sie *hierher, zu diesem Buch, geführt hat*, um ihr mitzuteilen, dass es ihm gut geht und dass es auch ihr gut gehen wird. Alles ist gut so, wie es gekommen ist, es besteht kein Grund zur Traurigkeit.
Glaubst du, Victoria hätte zufällig diese Frage gestellt und diese Antwort erhalten?
Alex, es gibt überhaupt keine Zufälle.

Oh, Mann.

Um aber meine Antwort noch weiter auszuführen …
Geliebte Menschen, die gestorben sind, können in Gedankenschnelle bei dir sein. Und sie sind es. Plötzlich sind sie bei dir, mit Freude und einem großen Lächeln, und überschütten dich mit ihrer Liebe. Du kannst es fühlen, wirklich fühlen, wenn du dich ihnen öffnest und die Kommunikation zulässt.
Wenn du dann diese lichtvolle und liebende Energie spürst, darfst du sie natürlich nicht für deine Einbildung oder für Wunschdenken halten.
Vergiss es nie: *Was du denkst, wird zu deiner Realität.*
Wenn du denkst, dass deine verstorbenen Familienangehörigen bei dir sind – besonders in Zeiten der Not, wenn du ihren Rat brauchst –, dann öffnest du dich der Erfahrung, dass sie tatsächlich da sind und immer da waren, und zwar in jedem Moment, in dem du nach ihnen gerufen hast.
Wenn du glaubst, dass sie nicht anwesend sind und du dir alles nur »einbildest«, dann verlierst du das Gespür für ihre Anwesenheit, und sie werden für dich schlicht und einfach nicht da sein.

Aber wie steht es mit Hellsehern und Medien? Ist es nicht einfacher, sie die Kommunikation mit Geistwesen führen zu lassen?

Ihr seid alle dazu fähig, mit geistigen Wesen zu kommunizieren. Das möchte ich dir ja gerade deutlich machen. Du brauchst dafür keinen Hellseher und kein Medium. Das heißt natürlich nicht, dass du sie nicht benutzen sollst, wenn es für dich einfacher ist. Aber auf jeden Fall bist du nicht auf Hellseher oder Medien angewiesen, um mit Geistwesen in Kontakt zu kommen.

Wir wollen uns an dieser Stelle jedoch einmal genauer anschauen, was wir mit »Geistwesen« meinen. Ich spreche hier nicht von Wesen, die im Allgemeinen als »Geister« bezeichnet werden. Wenn ich von »Geistwesen« spreche, dann beziehe ich mich damit auf den Teil einer Person, der im anderen Zusammenhang auch als »Seele« bezeichnet wird.

»Geistwesen« sind also nichts anderes als »Seelen«?

GENAU. ERINNERE DICH daran, dass du aus drei Teilen bestehst, aus Körper, Geist und Seele. Der dritte Aspekt deines Seins ist die Seele. Sie ist der innerste Kern von Wer Du Bist. Von ihr geht alles aus, und zu ihr kehrt alles zurück.
Ihr könnt alle mit eurer eigenen Seele in Berührung kommen und darüber auch mit anderen Seelen. Wenn du nicht zuerst in Kontakt mit deiner eigenen Seele bist, wird es sehr schwer werden, auch mit anderen Seelen in einen Austausch zu kommen.
Nur wenn du sensibel bist für die Anwesenheit deiner eigenen Seele, kannst du auch die Gegenwart anderer Seelen erfahren.

Warum ist das so?

WEIL DER KONTAKT auf der Ebene der Seelen zustande kommt. Die Seele ist der Teil von dir, der mit allem anderen verbunden ist. Der Körper hingegen ist der Teil, der von allem getrennt ist.
Der Geist ist die Brücke zwischen beiden.

Wie kann ich meinen Geist einsetzen, um meine Seele zu finden?

INDEM DU DEINE Gedanken benutzt. Erst einmal musst du wirklich glauben, dass du eine Seele *hast*. Du musst anfangen, dich so zu sehen, wie du wirklich bist: ein Geistwesen, das in einem Körper lebt und seinen Verstand benutzt.
Denk immer daran: *Du bist nicht dein Körper. Du benutzt ihn nur. Du bist nicht dein Denken. Du gebrauchst es nur. Deine Seele ist der Kern dessen, was du bist.*
Gebrauch deinen Verstand, aber immer nur kurzzeitig. Gebrauch ihn nur so lange, um dir sagen zu können, dass du eine Seele hast, dass die Suche sich lohnt und du nicht dein Körper oder dein Denken bist. *Hör auf zu denken*, sobald du dir dies klar gemacht hast. *Lass deine Gedanken in Ruhe. Mach deinen Kopf frei,* und konzentriere dich auf deine Erfahrung.

Wie schaffe ich das?

ES GIBT VIELE Möglichkeiten, das eigene Denken zu beruhigen. Stille Kontemplation und Beten sind sehr effektiv, daher praktizieren die Mitglieder von religiösen Orden in den Klöstern beides.

Ich dachte immer, dass die Mönche in den Klöstern versuchten, direkt mit Gott in Verbindung zu kommen.

SIE SIND MIT ihm in Verbindung, und zwar über ihre eigene Seele. Sie sind *tatsächlich* in Kontakt mit Gott. Und umgekehrt genauso.

Am besten also, ich werde Mönch oder Nonne, um mit meiner Seele in Kontakt zu treten?

Nein, das ist nur ein Weg von vielen. Wenn du möchtest, kannst du Momente des Betens und stiller Kontemplation in deinem privaten Leben schaffen. Es mag zuerst schwierig erscheinen, wenn du ein sehr aktives Leben führst, was für die meisten jungen Leute zutrifft. Wenn du aber fest entschlossen bist, wird es ganz leicht sein, und du wirst es genießen.

Ich weiß nicht, wie ich es dir sagen soll, aber Beten interessiert mich eigentlich nicht wirklich.

Beten bedeutet einfach, sich irgendetwas ernsthaft zu wünschen. Wusstest du das nicht?

Nein, ich stelle mir unter Beten etwas anderes vor.

Nun, dann sei froh, dass wir darüber sprechen. Jeder ernsthafte Wunsch ist ein Gebet. Vielleicht hast du einfach nur den Wunsch, dich zu bedanken. Oder du hoffst, dass bestimmte Dinge eintreten. Und wenn du wirklich den Wunsch hast, mit Gott in Berührung zu sein und dir deiner eigenen Seele bewusst zu werden, dann ist dieser »Wunsch«, dieses Gefühl inneren Verlangens, das einzige »Gebet«, das nötig ist.
Du kannst natürlich auch ein »richtiges« Gebet sprechen, wenn du möchtest – und für viele Menschen ist dies sehr hilfreich –, aber du *musst* es nicht tun. Es geht nur darum, mit dem Kopf auszusprechen, was das Herz bereits weiß.

Okay, das habe ich verstanden. Aber ich habe auch mit so etwas wie »stiller Kontemplation« nichts am Hut. Ich meine, ich mache keine einsamen Spaziergänge im Wald oder so.

LIEGST DU NICHT manchmal einfach nur so da und hörst Musik?

Na klar! Willst du damit sagen, dass Musikhören eine Art »stiller Kontemplation« ist?

MUSIKHÖREN KANN IN der Tat so etwas sein. Das Wort »still« muss nicht zwangsläufig »vollkommene Ruhe« bedeuten. Damit kann auch gemeint sein, *dass du dein Denken so beruhigst, dass es nur noch auf das ausgerichtet ist, was du in deiner Kontemplation innerlich betrachtest.*
Auf was du dich in abgeschiedenen Momenten konzentrierst, kann eine tiefe Wirkung auf dich hinterlassen – zumal wenn du es immer und immer wieder tust. Achte also darauf, womit du dich gedanklich die ganze Zeit über beschäftigst.
Wenn du zum Beispiel die Musik aussuchst, die du dir anhören willst, solltest du darauf achten, worauf sie deine Aufmerksamkeit ausrichtet. Registriere die Energie, die durch sie entsteht. Wenn die Musik einen Text hat, lies ihn dir durch. Achte darauf, wohin dich die Songs »tragen«. Tragen sie dich wirklich dorthin, wo du »sein« willst?
Fang aber nicht an, sie zu bewerten und in »gut« und »schlecht« einzuteilen (und lass auch nicht zu, dass dies ein anderer tut). Frag dich einfach nur, ob dies die Energie ist, mit der du dich umgeben willst.
Wenn du deine Aufmerksamkeit auf deine Seele richtest –

egal, ob du dazu Musik oder andere Mittel benutzt –, wirst du sie finden. Du wirst sie für dich entdecken. Im Grunde genommen »findest« oder »entdeckst« du sie natürlich nicht wirklich, dir wird nur bewusst, was immer schon vorhanden ist.

Kannst du mir sagen, welche anderen »Mittel« es noch gibt, um mit meiner Seele Kontakt aufzunehmen?

SICHER.
TAGEBUCH ZU SCHREIBEN ist ein gutes Mittel, um dich auf deine Seele auszurichten. Du kannst auf diese Weise dein wirkliches Selbst finden, mit deinen wirklichen Gefühlen in Berührung kommen und dir deine eigene Wahrheit vor Augen führen.
Ein weiteres Mittel, um sich auf seine Seele zu konzentrieren, ist Meditation.
Auch Spazierengehen oder Musikhören oder auch Radfahren sind wie schon erwähnt Möglichkeiten, um deine Aufmerksamkeit von täglichen Aktivitäten und Problemen abzuwenden. Es geht darum, dass dein Denken nach und nach zur Ruhe kommt und Raum für deine Seele schafft.
Es gibt viele Möglichkeiten, um deine Seele zu erfahren. Du brauchst dazu nur in die geistige Dimension der Dinge einzutauchen.

Hey, das gefällt mir. Das hast du wirklich gut erklärt.

DANKE. ES FREUT mich, dass du es verstanden hast.

Aber wir sind vom Thema abgekommen. Ich sprach von Menschen mit übersinnlicher Wahrnehmung und ob es für sie leichter ist, Verbindung mit Geistwesen aufzunehmen. Ich würde gern wissen, wie ernst man ihre Fähigkeiten nehmen kann.

Menschen mit übersinnlicher Wahrnehmung sind keine außergewöhnlichen Individuen mit einzigartigen Fähigkeiten, sondern normale Leute wie du, deren Begabung sich in keiner Weise von deiner eigenen unterscheidet.
Und daran kannst du auch messen, ob ein Hellseher »die Wahrheit sagt«. Wer wirklich übersinnliche Fähigkeiten hat, wird dir niemals einreden wollen, dass er etwas hat, was du nicht hast. Stattdessen werden solche Menschen, wenn sie eine »Sitzung« für dich machen und den Kontakt herstellen, ständig darauf hinweisen, dass *du selbst* die Fähigkeit hast, mit Verstorbenen Kontakt aufzunehmen.
Menschen mit übersinnlicher Wahrnehmung dienen als Verstärker des »Signals«, *das du empfängst*. Sie nehmen keine andere Energie, kein anderes Wesen wahr, sondern sind einfach nur sensibel dafür, was *in dir* passiert. Sie sind buchstäblich der »Lautsprecher« für die bislang noch kaum wahrnehmbare Stimme der Weisheit und Klarheit und Verbundenheit, die *in dir* ertönt.
Du brauchst also keinen Hellseher und auch kein Medium, um die Gegenwart und die Liebe von geliebten Menschen, die gestorben sind, zu fühlen und von ihnen Botschaften zu empfangen. Dennoch kann es sein, dass Menschen, die für diese Energien sensibel sind, dir manchmal dabei helfen können, die Anwesenheit von Geistwesen zu fühlen und mit ihnen zu kommunizieren. Deswegen werden Hellseher auch häufig als »Sensitive« bezeichnet.
Du kannst dich selbst für diese Energien sensibilisieren,

und ich habe dir in dieser Antwort einige Hinweise gegeben, wie du das tun kannst.

* * *

Wann ist meine Zeit gekommen, in den Himmel aufzusteigen?

Chris aus Miami, Florida

Du bist schon jetzt im Himmel, Chris. Du kannst den Himmel überall wahrnehmen, wo du bist. Leider wissen dies die meisten Menschen nicht.

Der »Himmel auf Erden« besteht darin, einfach nur zu leben und dadurch all die Wunder, all die Freuden, all die Herausforderungen und Abenteuer und alles Glück des Lebens zu erfahren. Um im Paradies zu sein, brauchst du nicht mehr, als ich dir gegeben habe. Euer Planet *ist* ein Paradies, ihr müsst nur eure Augen öffnen und dies erkennen.

Du fragst mich jedoch, Chris, wann deine Zeit zum Sterben gekommen ist. Ich kann sie dir nicht nennen, denn du bist derjenige, der die Entscheidung darüber trifft.

Wenn du das Gefühl hast, dass die Zeit reif dafür ist, wirst du deinen Körper ablegen, und zwar keinen Moment früher oder später. Du wirst diese Entscheidung treffen und nicht ich.

Ich weiß, dass du das immer wieder betonst, aber ich habe nicht das Gefühl, dass ich irgendetwas entscheide. Ich habe eher den Eindruck, dass es mit mir »geschieht«!

Fang an, anders darüber zu denken! Du trägst deinen Teil dazu bei, was geschieht, zusammen mit allen anderen um

dich herum. Das versuche ich dir die ganze Zeit klarzumachen.
Indem du dein Denken veränderst, veränderst du auch das, was du erlebst. Verändere dann auch das, was du sagst. Und verändere schließlich auch dein Handeln.
Dies ist der dreiteilige Prozess der Schöpfung. Er ist das mächtigste Werkzeug, das dir jemals in die Hand gegeben wurde.

Das kann ich nachvollziehen. Ja, ich glaube, dass ich das wirklich verstehe. Aber du hast noch nicht meine wichtige Frage über den Tod beantwortet. Warum müssen wir überhaupt sterben? Warum können wir nicht ewig leben?

DU KANNST EWIG leben und tust es auch! Du stirbst niemals. Das erzähle ich dir schon die ganze Zeit. Du lebst immer weiter und veränderst lediglich deine Gestalt.

Aber das ist es ja gerade! Warum müssen wir uns von dem Körper trennen, in dem wir hier und jetzt leben?

ICH HABE NIEMALS gesagt, dass ihr dies tun müsst. Die menschliche Gattung hat sich entschlossen, dies zu tun, und zwar durch die Art und Weise, wie Menschen ihren Körper und ihre Umwelt behandeln und wie sie überhaupt leben.
Ihr könnt viel länger in eurem Körper bleiben, als ihr es vielleicht für möglich haltet. Wenn ihr – als Einzelne oder als Gesellschaft – das umsetzt, was ich euch vorgeschlagen habe, dann macht ihr einen großen Schritt in diese Richtung.
Das Loslassen eures Körpers, das ihr »Sterben« nennt, muss

nichts sein, vor dem ihr Angst habt und das ihr lieber vermeiden würdet. Es kann auch auf andere Weise geschehen.

Braucht man denn keine Angst vor dem Tod zu haben?

NEIN, ES SEI denn, du entschließt dich dazu. Wie schon in Bezug auf dein ganzes Leben, so hängt auch hier alles davon ab, wie du die Dinge siehst. Deine Sichtweise wird zu deiner Erfahrung.
Wenn du Angst hast, was nach deinem Tod »mit dir geschehen wird«, dann fürchtest du dich auch vor dem Tod.
Wenn du glaubst, der Tod bedeute das Ende des Lebens, dann fürchtest du dich vor diesem Zeitpunkt.
Wenn du dir aber im Klaren darüber bist, was nach deinem Tod mit dir geschieht, dann bleibst du gelassen. Du magst dich schon ein wenig traurig fühlen, aber auf der anderen Seite bist du auch gespannt auf den nächsten Schritt – so wie es ist, wenn du aufs College gehst oder den Arbeitsplatz wechselst oder in eine neue Stadt ziehst.

Du vergleichst den Tod mit bestimmten einschneidenden Veränderungen im Leben?

NUN, ICH HABE nur nach etwas Entsprechendem gesucht, einem Vergleich, der dir ermöglicht, das alles vom Gefühl her besser zu verstehen. Aber wenn ich mehr darüber nachdenke, dann lässt sich das Sterben wirklich ganz gut mit all diesen Dingen vergleichen.
Und wenn du weißt, dass der Tod nicht das Ende des Lebens ist, sondern dass das Dasein für immer weitergeht, dann ist dir die Erfahrung des Übergangs nicht länger unangenehm.

Aber wohin werde ich kommen? In den Himmel oder in die Hölle?

DAS IST IN der Tat die Frage, über die sich viele Menschen den Kopf zerbrechen. Daher wollen wir sie jetzt ein für alle Mal klarstellen.
Du wirst durch den Tod nach Hause kommen, zu mir. Wie ich bereits weiter vorne dargelegt habe, gibt es so etwas wie eine Hölle nicht.

Du hast vorhin aber gesagt, dass es die *Erfahrung* der Hölle gibt, wenn wir von Gott getrennt sind.

JA, DU HAST Recht. Es ist schön, dass du unserem Gespräch so aufmerksam gefolgt bist. Ich will dir nun also erklären, was genau im Moment des Todes geschieht.

Prima! Endlich erfahren wir es!

DU ERFÄHRST DAS, was auch immer du zu erfahren wünschst oder entscheidest oder erwartest. Während du im Körper lebst, erschaffst du dein spirituelles Leben durch deine Gedanken, Vorstellungen und Glaubenssätze.

Wenn ich also glaube, dass ich in der Hölle lande, dann lande ich auch *tatsächlich* in der Hölle?

DU KÖNNTEST DIR eine höllische Erfahrung erschaffen, das ist richtig, aber du hast dies schon auf der Erde getan und überlebt. Das Gleiche kann natürlich auch im Leben nach dem Tod geschehen. Und in dem Augenblick, in dem du dich dafür entscheidest, dir nicht länger höllische Erfahrungen auszusuchen, kann das Ganze sofort aufhören. Dann wirst du wissen, dass du wirklich im Himmel bist, wo du in Gedankenschnelle alles erleben kannst, was du möchtest.

Wie sieht der Himmel aus?

Anne, 15, aus Indianapolis, Indiana

Wie auch immer du ihn aussehen lässt.

Wann werde ich dich im Himmel sehen?

Roberto, 14

Wann immer du es willst.

Wie ist das im Himmel? Sehen wir dort all die Verstorbenen wieder?

Fernando, 16

Im Augenblick deines Todes werden die geliebten Menschen um dich sein, die schon vorher gestorben sind. Sie werden dich mit Freude und Liebe aufnehmen und dich auf deinem weiteren Weg begleiten. Wenn du es möchtest, werden sie da sein.

Was bedeutet das?

All diese geliebten Menschen werden da sein, wenn du es willst. Wenn du sie nicht erwartest und nicht daran glaubst, dass sie da sein werden, dann werden sie für dich auch nicht anwesend sein. Sie werden zwar da sein, aber du wirst ihre Anwesenheit nicht bemerken. Sie werden

dich dennoch lieben und führen, aber du wirst sie nur dann sehen, wenn du es auch willst.
Es ist das Gleiche wie im Leben auf der Erde. In Gedankenschnelle können die Menschen, die du liebst und die gestorben sind, um dich herum sein. Wenn du für die Erfahrung offen bist, werden sie da sein.
In Bezug auf Gott trifft dies übrigens ebenfalls zu. Sowohl in diesem Leben als für alle Ewigkeit.

18

Weitere interessante Fragen

Die nachfolgenden Fragen haben in keine der bisherigen Kategorien gepasst. Ich wollte sie trotzdem mit in dieses Buch aufnehmen, weil sie meiner Meinung nach interessant sind und es verdienen, beantwortet zu werden. Sie drehen sich um ganz verschiedene Themen. Ich hoffe, dir gefallen die unterschiedlichen Fragen und meine Antworten und wünsche dir weiterhin viel Spaß beim Lesen.

Für mich hat das Leben keinen höheren Sinn. Ich meine, es hat überhaupt kein übergeordnetes Ziel. Was meinst du dazu?

Nick, 18

DU HAST RECHT. Das Leben IST sinnlos. Das ist sein Sinn.

Okay, mach weiter… das interessiert mich.

DAS LEBEN HAT keinen Sinn, es sei denn, du gibst ihm einen. Wenn das Leben einen Sinn hätte, wer hätte ihn sich dann ausgedacht? Und wenn du jetzt sagst »Gott«, dann frage ich dich, warum ich das getan und ihn danach geheim gehalten haben sollte?
Glaubst du wirklich, das Leben hätte einen bestimmten

Sinn, den ich ihm gegeben hätte und den ihr für den Rest eures Lebens suchen müsstet? Hast du so etwas im Kopf?

Du hast uns nicht den Auftrag gegeben, danach zu suchen. Du hast den Sinn für uns schriftlich niedergelegt.

Wo?

In der heiligen Schrift.

In welcher heiligen Schrift?

Du weißt genau, welche heilige Schrift ich meine.

Nein, weiss ich nicht. Ich weiß nicht, auf welche du dich beziehst. Meinst du die Bibel? Oder den Koran? Oder den Talmud? Oder die Upanishaden? Oder das Buch der Mormonen? Oder den Pali Kanon, die Bhagavad-Gita oder das Tao Te King? Könnten es die Rig-Veden oder die Brahmanen-Gesänge oder das Buddha-Dharma sein?

Schon gut, ich verstehe.

Wirklich? Ich meine, verstehst du es wirklich? Es gibt auf diesem Planeten hunderte von Religionen, und jede hat ihre eigene Lehre und ihre eigene Schrift. In welcher von ihnen steht das wirkliche Wort Gottes?

In der, für die ich mich entscheide.

Ja, natürlich. Und welchen Sinn des Lebens bietet dir diese Schrift an?

Nun, wie ich bereits sagte, für mich hat das Leben keinen höheren Sinn. Bislang hattest du dich dazu noch nicht geäußert. Warum sagst du uns nicht gleich hier die Wahrheit und ersparst uns unnötige Frustration?

ABER ICH SAGE dir doch, wie es ist! Ich sage, du hast Recht, das Leben ist sinnlos. Wenn ich ihm einen Sinn gegeben hätte, dann hättet ihr keine andere Wahl, als diesen Sinn zu erfüllen. Aber ich habe euch erschaffen, damit ihr kreativ seid, nicht damit ihr gehorcht. Gott ist niemandem untertan, und ich habe euch nach meinem Ebenbild gemacht.
Das Leben hat also *absichtlich* keinen höheren Sinn, damit ihr frei seid, ihm den Sinn zu geben, für den ihr euch entscheidet. Sowohl individuell als auch kollektiv tut ihr dies tagtäglich.

Wirklich? Wir tun dies jeden Tag?

JA. IHR VERHALTET euch auf bestimmte Weise und gebt dem Leben dadurch einen Sinn. Ihr könnt euer eigenes Verhalten *kontrollieren* und das von anderen Menschen *beeinflussen*.

* * *

Kann Krebs geheilt werden?

Barbi

JA, BARBI. GENAUSO Aids, Multiple Sklerose, Alzheimer und all die anderen Krankheiten, die es gibt.
Es gibt drei Möglichkeiten, um sich von jeder erdenklichen Krankheit zu heilen.

Erstens, indem man verhindert, dass sie überhaupt in Erscheinung tritt. (Dies kann auf vielerlei Weise geschehen, von einer Umstellung der Lebensgewohnheiten bis hin zur Veränderung des genetischen Erbguts.)
Zweitens, indem man die Organe oder Gewebe »repariert«, die von einer Krankheit, die nicht verhindert werden konnte, zerstört worden sind. (Dies kann zum Beispiel dadurch geschehen, dass man körpereigene Zellen benutzt, um die zerstörten Bereiche zu regenerieren und tatsächlich neu »aufzubauen«.)
Drittens, indem man einfach glaubt und vertraut. Das heißt, man bittet um Heilung und »weiß gleichzeitig mit großer Sicherheit«, dass sie auch eintreten wird.
In den kommenden Jahren wird eure Gattung das alles verstehen. Eines Tages werdet ihr erkennen, dass alles ganz einfach ist.

Warum erzählst du uns nicht schon jetzt, wie all diese Krankheiten geheilt werden können? Warum sollen wir noch jahrelang warten? Welcher Gott würde so etwas verlangen?

Ich bestimmt nicht. Aber ich habe keinen Einfluss darauf. Alles, was ihr wissen müsst, um Krankheiten zu behandeln und den Körper zu heilen, findet ihr als Information im Körper selbst.
Ich habe euch die Bedienungsanleitung gegeben. Ihr seid die Bedienungsanleitung. Erforscht, wie euer Körper funktioniert, schaut euch genau an, wie er aufgebaut ist. Befasst euch mit den Wunderzellen, die jeden Teil des Körpers bilden können, vom Knochen über den Herzmuskel bis zum Gehirngewebe. Enträtselt weiterhin den geneti-

schen Code des Menschen und aller anderen Lebensformen. Ihr habt angefangen, dem Leben seine Geheimnisse zu entreißen.

Aber warum mussten wir so lange warten? Warum hast du uns das alles nicht schon viel früher gezeigt?

Das Leben offenbart sich dem Leben in jedem Moment auf vollkommene Weise. Es geht nicht darum, wie viel euch offenbart wird, sondern wie viel ihr davon annehmt. Es war zum Beispiel von Anfang an zu beobachten, dass die Erde sich um die Sonne dreht. Eure Gattung wollte dies aber einfach nicht wahrhaben.
Ein paar Menschen haben tatsächlich beobachtet, dass sich die Erde um die Sonne dreht, aber als sie öffentlich davon sprachen, entstand eine große theologische Debatte, ausgelöst von den aggressiven religiösen Lehren der damaligen Zeit. Die Vertreter dieser Lehren bestanden darauf, dass die Menschen Gottes höchste Geschöpfe waren – und deshalb musste sich die Sonne um die Erde drehen!
Viele andere wissenschaftliche und medizinische Entdeckungen wurden von euch abgetan, wenn nicht gar verteufelt, weil sie im Widerspruch dazu standen, was die Menschen bereits zu wissen glaubten, oder weil es das Fundament ihrer religiösen Vorstellungen erschüttert hätte, in denen alles bereits seinen festen Platz hatte.
Die meisten Menschen hielten lieber an ihren Glaubenssätzen fest – auch wenn sie offensichtlich falsch waren –, anstatt einen neuen Blickwinkel einzunehmen, der diese zementierten Sichtweisen in Frage gestellt hätte.

Weiter vorne sagtest du, dass manche Menschen alles aufgeben würden, um Recht zu behalten – sogar jeglichen Fortschritt.

Das stimmt. Die Menschheit ist heute genau in dieser Situation. Aus diesem Grund wird dieses Buch auch von einigen wieder aus der Hand gelegt. Die Vorstellung, dass Gott direkt zu dir spricht – ganz zu schweigen davon, *was* er hier alles kommuniziert –, verstößt gegen nahezu jede religiöse Glaubensvorstellung, die in euren Gesellschaften vorherrscht.
Dennoch, eines Tages wird alles, was in diesem Buch geschrieben steht, allgemein akzeptiert sein.
Oder auch nicht.
Ihr erschafft schließlich eure Realität und entscheidet, wie die Welt aussehen soll.
Wollt ihr eine Welt, in der Gott offen und klar mit euch spricht, eure Fragen direkt beantwortet und euch das gibt, was ihr braucht, um euer Leben zu verändern?
Wollt ihr eine Welt, in der Krankheiten für immer ausgerottet sind und der Vergangenheit angehören?
Soll euer Planet ein sicherer Platz zum Leben sein, mit unerschöpflichen Ressourcen?
Kannst du dir vorstellen, dass diese Vorstellungen zu deiner Wirklichkeit werden können? Wenn du es kannst, dann werden sie zu deiner Realität. Wenn du nicht an sie glaubst, dann geschieht auch nichts.
So einfach ist das.

* * *

Wie kann ich meine Enttäuschungen und Verletzungen dafür benutzen, um mein volles Potenzial zu entwickeln?

Kann ich sie als Sprungbretter für eine bessere Zukunft gebrauchen, anstatt in ihnen etwas zu sehen, das mich zurückhält und daran hindert, die Person zu sein, die ich sein kann, und die Dinge zu tun, die ich erreichen will?

Iana, 16

Was für eine wundervolle Frage! Du kannst sie in der Tat als »Sprungbretter« benutzen.

Zuerst musst du deine Sichtweise der Dinge verändern. Du musst begreifen, dass ich dir ausschließlich Engel geschickt und dir nichts als Wunder mitgebracht habe.

Dann solltest du dich daran erinnern, dass es kein »Versagen« gibt. Es ist in Wirklichkeit gar nicht möglich, zu versagen.

Denk immer daran: *Du kannst nicht versagen.*

Wenn du dich verletzt fühlst oder enttäuscht bist, erlaube dir, dies als ein Geschenk zu betrachten. Öffne es, und finde den Schatz im Inneren.

Lass nichts zu einem Hindernis werden. *Nichts.* Sei dir immer bewusst, dass du alles erleben und erreichen kannst, was du dir wünscht, wenn du nur fest daran glaubst.

Mach dir immer klar, dass dir alles, was geschieht, letztlich zugute kommt. Auch wenn es nicht danach »aussieht«, dass du das erhältst, wofür du dich entschieden hast – du erhältst genau das Richtige.

Auf einer bestimmten Bewusstseinsebene hast du alle Begegnungen und Erfahrungen angezogen, aus Gründen, die vollkommen mit dem Plan deiner Seele übereinstimmen. In diesem Sinne geschieht dir nur das, was du dir »gewünscht« hast, und du bekommst immer, was du willst. Wenn du dies wirklich begreifst, hast du wahre Meisterschaft im Leben erreicht.

Sieh in jedem Moment eine Form von Segen – selbst in Momenten der Enttäuschung und Verletzung –, und befreie sie von ihrem Leid, indem du die Macht benutzt, die Dinge so zu sehen, wie du sie sehen *willst.* Sie mögen schmerzlich, aber dennoch ohne Leiden sein.
Jede Niederlage ist eine weitere Stufe auf der Leiter des Erfolgs. Am besten, du betrachtest es gar nicht als »Niederlage«, sondern als *einen Sieg besonderer Art.*
Wenn du das Geschenk siehst, das dir das Leben in Momenten großer Trauer und tiefster Tragödie gibt, wirst du zum Christus oder zum Buddha. Da ist eine Entschlossenheit, die anhält; ein Frieden, der nicht zerstört werden kann. *Eine grenzenlose Freude* breitet sich aus.

* * *

Verbietest du es, dass wir uns an anderen rächen?

Larysa, 19, aus Mississauga, Kanada

Die Menschheit glaubt schon lange an einen rachedurstigen Gott und rechtfertigt damit ihre eigenen Rachegelüste. Weit davon entfernt, sich selbst als Ebenbild Gottes zu betrachten, denken viele, Gott sei das Ebenbild des Menschen.
Ich brauche keine Rache und trachte auch nicht danach, denn wie ich bereits erwähnt habe, kann mir niemand irgendeinen Schaden zufügen.
Wenn du glaubst, dass man dir in irgendeiner Weise schaden könnte, siehst du die Dinge schon nicht mehr vom göttlichen Standpunkt aus – egal, ob du Rache üben willst oder nicht. Allein schon der Gedanke, dass du dich rächen *willst,* bedeutet, dass du dich mit etwas identifizierst, das weniger als Gott ist.

Die Antwort auf deine Frage lautet also ja.
Verurteile dich jedoch nicht dafür, dass du diese Gefühle hast – genauso wenig wie für alles, was du jemals gefühlt oder getan hast. Du hast einfach nur vergessen, Wer Du Wirklich Bist.
Wenn du dich an deine wahre Identität erinnerst, wirst du sehen, dass es nicht nötig ist, sich für irgendwelche Dinge, die du gedacht, gesagt oder getan hast, schuldig zu fühlen.
Du begreifst dann, dass das alles zum Prozess der Evolution gehört – zu deinem eigenen Wachstum, der Entwicklung deiner Gattung und deiner Seele.
Du erkennst, dass du niemals »versagt« hast, sondern nur bestimmte Stationen auf dem Weg zu deinem eigenen Erfolg durchlaufen hast.

* * *

Warum gibt es weiße und schwarze Menschen?

Anonym

HIERFÜR GIBT ES technische Gründe, die jedoch nicht entscheidend sind, denn sie betreffen lediglich Hautfarbe und Pigmentierung. Beides hat sich im Laufe der menschlichen Evolution in unterschiedlichen Gebieten der Erde umweltbedingt entwickelt.
Die Hautfarbe gehört lediglich zu dem *Prozess*, durch den sich bestimmte Absichten in eurer Realität manifestieren.
Ich möchte dies an einem Beispiel deutlich machen. Um zum Supermarkt zu kommen, fahrt ihr mit dem Auto. Das Auto entspräche dem »technischen Grund«. Der wirkliche Grund, warum ihr zum Einkaufen fahrt, liegt jedoch darin, Brot, Butter, Eier und Milch zu kaufen. Ihr habt das

Auto (und noch viele andere Dinge) erfunden, das euch als Mittel oder Werkzeug dient, um eure Absicht in die Tat umzusetzen. Diese Absichten sind die wirklichen Gründe dafür, dass ihr diese Werkzeuge benutzt.
Das Leben in einem physischen Körper und *die Evolution dieses Lebens* sind die Mittel oder Werkzeuge der Seele, um ihre Absichten ausführen zu können.
Ihr Menschen habt aus dem gleichen Grund ein schwarzes oder weißes Aussehen (und noch viele andere Hautfarben), wie ihr männlich oder weiblich seid, groß oder klein, schwul oder hetero, Links- oder Rechtshänder. Ihr habt das Werkzeug der Genetik benutzt, um *Unterschiede* zwischen euch zu erschaffen. Denn in der Abwesenheit dessen, was ihr nicht seid, existiert auch nicht das, was ihr seid.

Kannst du das noch mal wiederholen? Ich glaube, ich habe das eben nicht verstanden.

Damit ihr euch selbst auf bestimmte Weise erfahren könnt, müsst ihr euch auch andere Möglichkeiten der Erfahrung schaffen. Dann – und nur dann – könnt ihr euch als besonderer Teil des Ganzen betrachten, als eine bestimmte, individuelle Form von Alles Was Ist.
Ohne Kälte gäbe es keine Wärme, ohne Oben kein Unten …

Oh ja, ich erinnere mich daran.

Du bist eine menschliche Schneeflocke.
Du fällst vom Himmel Gottes als ein Ehrfurcht gebietendes Individuum und ein einzigartiger Ausdruck des Wunders allen Lebens.

Wenn du auf der Erde ankommst, verbindest du dich mit anderen, die wie du auf atemberaubende Weise einzigartig sind, und doch ergebt ihr zusammen ein wunderschönes größeres Bild.
Schließlich verändert ihr eure Gestalt, verschmelzt zu einer Einheit und fließt leicht und ohne Anstrengung im Strom des Einsseins.
Zum Schluss scheinst du dich aufzulösen (obwohl du weiterhin bestehen bleibst, wenn auch unsichtbar), indem du wieder zum Himmel aufsteigst, aus dem du gekommen bist, um den Kreislauf erneut zu beginnen.
Die Reise der Schneeflocke ist eine perfekte Metapher für die Reise der Seele.

* * *

Was wäre, wenn die »Ehe auf Lebenszeit« gar nicht unserer Natur entspricht, sondern nur etwas ist, wofür wir uns *entschieden* haben? Ist es in Ordnung, mit jemandem zusammenzuleben, ohne ihm gleich ein lebenslanges Versprechen zu geben?

Susan, 19, aus St. Louis, Missouri

Es steht nirgendwo geschrieben, dass du mit einer Person für den Rest deines Lebens zusammenbleiben musst, wenn du jetzt mit ihr zusammen sein willst.

Aber… was, wenn ich mit ihm als… du weißt schon, Mann und Frau zusammenleben will?

Du meinst, du möchtest Sex mit ihm haben, mit ihm schlafen?

Nicht nur das, aber … ja, das auch. Ich liebe ihn und möchte alles mit ihm teilen: mit ihm leben, mit ihm essen, mit ihm schlafen, meinen Alltag mit ihm verbringen. Ich weiß nur nicht, ob ich schon an dem Punkt bin, ihn zu heiraten. Meine Eltern meinen, ich sollte es tun. Und sie *meinen* das nicht nur, sie *fordern* das von mir. Wenn ich es nicht tue, lebe ich ihrer Meinung nach in Sünde.

Und gegen wen versündigst du dich dann?

Gegen dich, nehme ich mal an. Ich sündige gegenüber Gott.

Wirklich? Du glaubst, mir dadurch etwas antun zu können, dass du jemand anderen liebst?

Nun, ich liebe ihn nicht nur, ich will *mit ihm zusammenleben.*

Ja, das habe ich auch so verstanden.

Ich meine, wenn wir zusammenwohnen, haben wir einen größeren Grad an Intimität, oder?

Seid ihr beide denn schon miteinander intim gewesen?

Nun ja, ein paarmal ist es bereits passiert. Aber das ist doch nicht das Gleiche, als tatsächlich mit ihm zusammenzuleben.

Meinst du damit, es sei in Ordnung, eine intime Beziehung zu führen, solange jeder für sich wohnt, aber sobald ihr zusammenwohnt, sei es nicht mehr okay?

Nein, aber … alles wird dadurch nach außen so offen. Die Beziehung lässt sich nicht mehr verstecken.

Ich habe den Eindruck, du machst dir weniger Sorgen darüber, ob du etwas Sündhaftes tust, als darüber, was andere Leute denken könnten. Die meisten Menschen tun das, was sie wollen, und wenn sie glauben, dass andere etwas dagegen haben, tun sie es einfach im Verborgenen. Vielleicht hast du mehr Angst, andere Menschen vor den Kopf zu stoßen als Gott?

Nun, es gibt so etwas wie eine kleine Sünde … ein kleiner Ausrutscher, ein Moment, in dem die Leidenschaft mit einem durchgeht … Und dann gibt es größere Sünden, wenn man etwas bewusst immer wieder tut, obwohl man weiß, dass es nicht richtig ist und man sich damit Gott *widersetzt*.

Ich verstehe, was du meinst. Eine Sünde, die nur einmal oder zweimal geschieht – oder in deinem Fall fünfzehn oder zwanzig Mal – ist nicht so schlimm, aber eine Sünde, die man jeden Tag immer und immer wieder tut, ist unverzeihlich.

Ich weiß, das klingt jetzt irgendwie blöd.

Nein, Susan, ich bin derjenige, der hier einen komischen Eindruck macht. Manche Menschen haben sich ein seltsames Bild von mir zurechtgelegt. Sie denken, solange sie etwas im Verborgenen tun, würde ich wegschauen, aber wenn sie das Gleiche offen vor aller Augen täten, würde Gott daran Anstoß nehmen und sie bestrafen.

Sie verwechseln mich anscheinend mit der Steuerfahndung.
Aber hier ist die gute Nachricht, Susan: Ich finde es nicht anstößig, wenn du jemanden liebst, und ich werde dich nicht dafür bestrafen. Und zwar unabhängig davon, ob diese Liebe bei dir oder bei ihm oder in einer gemeinsamen Wohnung stattfindet, wie spontan oder nicht spontan auch immer.
Es steht mir nicht zu, dich zu verurteilen oder zu bestrafen, Susan, und ich werde es niemals tun. Ich lasse dich nicht erst »sündigen« und bitte dich hinterher »zur Kasse«. Jeder möchte, dass ich diese Haltung einnehme, aber ich akzeptiere sie nicht.
Stattdessen besteht mein »Job« lediglich darin, dich zu lieben, Susan. Einfach und offen zu lieben. Jetzt und für alle Zeit. Egal, was auch geschieht.
Ich verstehe, dass du diesen Mann liebst und mit ihm zusammenleben willst. Ich verstehe auch, dass du dir trotzdem nicht sicher bist, ob du auch den Rest deines Lebens mit ihm verbringen willst. Ich verstehe deine Gefühle in diesem Zusammenhang. Und wer versteht, verurteilt nicht.
Denk immer daran: *Wer versteht, verurteilt nicht.*
Verstehen und Verurteilen schließen sich gegenseitig aus.

So etwas hat mir noch nie jemand gesagt.

DARUM SAGE ICH es dir jetzt, und es ist wahr.

Aber wie schaut es mit der Ehe aus? Welchen Stellenwert hat sie heute in unserer Gesellschaft?

Die Ehe ist eine Institution, die Menschen erschaffen haben, um ihrer Liebe zueinander einen würdigen Rahmen zu geben. Ihr müsst entscheiden, welchen Rahmen ihr einer Beziehung geben wollt, deren Partner nicht heiraten möchten.
Ihr befindet euch ständig in dem Prozess, herauszufinden, was ihr wollt, und zwar sowohl im individuellen als auch im gesellschaftlichen Rahmen. Jede Entscheidung, die ihr trefft, hat auf diesen Prozess »entscheidenden« Einfluss.
Denk also darüber nach, was deine Mutter und was dein Herz und was deine Seele über Liebe sagen. Und triff keine Entscheidung – weder über das eine, noch über das andere – aus Angst heraus.
Erinnere dich immer daran, dass du vor mir keine Angst haben musst, nicht die geringste.
Sieh zu, dass du in Freundschaft mit Gott lebst und nicht in Feindschaft. Ich bin dein bester Freund, du kannst immer so zu mir kommen, wie du es eben getan hast, mit all deinen Fragen, deinen Sorgen, deinen Hoffnungen und Träumen, und ich werde immer mit dir sein. Nicht um dich zu verurteilen und zu verdammen, sondern um dir dabei zu helfen, dich in der nächstgrößeren Version der großartigsten Vision, die du je über Wer Du Bist hattest, zu erfahren!

* * *

Ich trage ein Kreuz auf der Brust als Glücksbringer. Bislang hat es mir aber nicht viel Glück gebracht. Viele meiner Freunde tragen auch ein Kreuz, es ist ein Zeichen unseres Glaubens. Warum funktioniert es nicht?

Manuel, 14, aus Manila, Philippinen

Glücksbringer allein bringen dir kein Glück. Nur wenn du weißt, was du willst, und die klare Absicht hast, es umzusetzen, kannst du positive Ergebnisse im Leben erzielen. Du beweist deinen Glauben nicht dadurch, dass du ein Kruzifix trägst, ebenso wenig wie wenn du jeden Tag zur Kirche, zur Synagoge oder zum Tempel gehen würdest. Du beweist deinen Glauben durch jeden Gedanken, den du denkst; durch jedes Wort, das du sprichst; durch all das, was du tust.

Deine Gedanken, deine Worte und deine Taten erschaffen deine Realität – und nicht etwas, das du dir um den Hals hängst oder mit dir herumträgst.

Du hast sicherlich schon einmal die Erfahrung gemacht, dass es sich gelohnt hat, bestimmten Dingen einfach zu vertrauen. Ich lade dich nun dazu ein, dir selbst zu vertrauen. Vertrau dem Prozess des *Lebens*. Und vertrau Gott. Du und das Leben und Gott befindet euch nicht im Kampf miteinander. Wir sind alle im gleichen Team.

Und es geht noch weiter. Du und das Leben und Gott ist alles *dasselbe*. Du bist das Leben, das Leben ist Gott und Gott ist Was Du Bist. Es ist ein vollkommener Kreis.

Vertrau also dem Ganzen! Mach dir keine Gedanken über »Glücksbringer«. Das Leben *selbst* ist dein Glücksbringer. Und damit es funktioniert, musst du wissen, dass es funktionieren wird, und sagen, dass es funktionieren wird, und so handeln, als ob es bereits funktioniert. Und weißt du was? *Es wird funktionieren.*

Das Leben bewahrheitet sich durch den Prozess des Lebens. Denk immer daran: *Das Leben bewahrheitet sich durch den Prozess ds Lebens.*

* * *

Werde ich Engel sehen können?

Avra

NATÜRLICH, AVRA. DU kannst sie in diesem Moment sehen! Öffne deine Augen und schau dich um. Jeder Mensch in deinem Leben ist ein Engel. *Ich habe euch nichts als Engel geschickt.*

Sie sind in dein Leben gekommen, um ihre richtige und perfekte Rolle darin zu spielen. Sie »zeigen« sich dir auf unterschiedliche Weise, aber sie sind alle hier, um dabei zu helfen, den Lebensplan deiner Seele zu erfüllen.

Du brauchst noch nicht einmal aus dem Haus zu gehen, um einen Engel zu sehen. Schau einfach in den Spiegel! Ja, auch du bist ein Engel. Bist du bereit, es zu akzeptieren? Kannst du dir vorstellen, dass du *der Engel bist, auf den jemand anderes heute wartet*?

Ich kann dir sagen, was dann geschieht.

Du würdest all die verändern, in deren Leben du trittst.

Sie würden wahrhaftig… »von einem Engel berührt«.

Wie kann das geschehen? Was muss ich tun?

ES GEHT NICHT darum, etwas Bestimmtes zu tun. Es geht nur um das Sein. Wenn du in deine »Engelsgestalt« schlüpfst, geht es um das »Sein«, nicht um das »Tun«. Es geht darum, was du *bist.*

Was bin ich?

DU BIST ALL das, was du dir vorstellst, als Engel zu sein. Vielleicht bist du Liebe. Vielleicht bist du mitfühlend, geduldig und freundlich. Vielleicht bist du großzügig, fürsorglich, sensibel und verstehst und vergibst und beschützt und ermutigst und führst. Und vielleicht bist du bereit.

Bereit?

JA, BEREIT.

Bereit für was?

BEREIT, ALL DAS zu tun, was diese Seinszustände von dir erfordern.
Bereit, all das zuzulassen, was aus ihnen entsteht.
Bereit, sich nicht den Kopf über sie zu zerbrechen, nicht das »Für« und »Wider« gegeneinander abzuwiegen, sich keine Sorgen im Hinblick auf die Bilanz zu machen – also nicht nach Gründen zu suchen, um es sein zu lassen.
Bereit, einfach nur das zu tun, was auf natürliche Weise entsteht, wenn du dies alles in jedem Moment bist.
Wenn du *im Sein* bist, sagt dir der gegenwärtige Moment, was du tun sollst. Du wirst nicht erst darüber nachdenken müssen.
Vergiss nie diese Aussage über den gegenwärtigen Moment. Er wird dir von deiner Seele »geschickt«, damit du das, was du bist, ausdrücken und erfahren kannst und dich jetzt entscheidest, was du sein willst.
Der gegenwärtige Moment ist ein Geschenk, das du dir selbst und anderen schenkst. Was »verschenkst« du also in diesem Augenblick?
Das ist die einzige Frage, die du dir heute stellen solltest. Aber denk nicht gleich über eine Antwort nach. *Sei* die Antwort!
Vergiss es nie: *Engel denken nicht.*

Werde ich auch »himmlische« Engel sehen können und nicht nur »irdische«? Ich meine, so richtige Engel, wie man sie von Bildern her kennt?

Du hast zweifellos schon viele von ihnen gesehen.

Ich?

Ja, du. Höchstwahrscheinlich sind sie dir als normale Menschen begegnet. Sie kommen in dein Leben und verschwinden wieder; sie bringen dir immer zum richtigen Zeitpunkt das, was du gerade brauchst.
Du hast sie außerdem schon in deinen Träumen getroffen; dort, wohin die Seele geht, um sich vom Herumtragen des Körpers auszuruhen.
Sie sind dir in vielen Formen begegnet, wenn du in diesem Zustand bist.

Werde ich sie sehen, wenn ich gestorben bin?

Wenn du deinen Körper verlässt, sind sie alle um dich herum und überschütten dich mit ihrer Liebe. Die erste Energie, die du beim Übergang spürst, entspringt ihrer Anwesenheit.

Wie fühlt sich das an?

Du brauchst nicht zu warten! Du musst überhaupt niemals warten, weder auf die Liebe der Engel noch auf die Liebe und die Gegenwart Gottes.
Wenn du möchtest, kannst du alles zu jeder Zeit fühlen.

Warum darf ich mit achtzehn Jahren für mein Land sterben, mir aber an einem heißen Tag kein kühles Bier kaufen?

Ältere Menschen denken oft, dass ihre Nachkommen ihnen »gehören« und das tun müssten, was sie sagen. Die ganze Gesellschaft baut auf dieser Sichtweise auf, und daher glaubt sie, das Recht zu haben, über ihre Mitglieder zu bestimmen.
Deine Gesellschaft glaubt, dass sie das Recht dazu hat, dich ohne deine Zustimmung in einen Krieg zu schicken, dir auf der anderen Seite aber zu verbieten, Alkohol zu trinken.
Deine Gesellschaft hat sogar Gesetze erlassen, die dich *zwingen*, das eine zu tun, während sie dir Geld- oder Gefängnisstrafen in Aussicht stellt, wenn du das andere tust.
Dies alles ist nur ein Ausdruck davon, auf welcher primitiven Stufe sich deine Gesellschaft befindet. Eine aufgeklärte Gesellschaft würde überhaupt nicht auf den Gedanken kommen, dass sie das Recht habe, dich ohne deine Zustimmung so herumzukommandieren, und niemand würde derartige Gesetze aufstellen.
Es ist noch nicht lange her, dass sich Gesellschaften gegenüber den Frauen genauso verhielten. In manchen Ländern tun sie es heute noch.
In diesen Ländern bestimmt die Gesellschaft, wie sich Frauen zu verhalten haben, wo sie arbeiten können, wen sie heiraten dürfen und welche Kleidung (und Kleidungsfarbe) sie tragen sollen, wo sie sich aufhalten müssen und zu welcher Tages- und Nachtzeit ihnen erlaubt ist, sich in der Öffentlichkeit zu zeigen.
Einige dieser repressiven Gesellschaften deformieren so-

gar den Körper der Frauen und zwingen sie zur Klitorisbeschneidung, weil es als nicht angemessen betrachtet wird, dass die Frau beim Geschlechtsverkehr Vergnügen empfindet.
Ja, es ist leider wahr: Eure Gesellschaften haben Gesetze erlassen, die nicht nur ungerecht sind, sondern oftmals auch nichts mehr mit dem gesunden Menschenverstand zu tun haben.

Aber warum erlassen wir dann solche Gesetze?

DIESE FRAGE WURDE bereits gestellt, aber ich habe sie noch nicht direkt beantwortet. Der Grund liegt darin, dass Menschen in Angst und Schuld leben. Angst und Schuld sind die einzigen Feinde, die der Mensch hat.
Wenn du in Angst und Schuld lebst, bist du dazu gezwungen, deine Umwelt und alle anderen Menschen kontrollieren zu müssen. Macht und Kontrolle werden so zu den entscheidenden Lebensimpulsen.
Wenn Menschen ihren freien Willen ausdrücken, wird das in vielen Ländern als Bedrohung des Allgemeinwohls wahrgenommen. Was das »Allgemeinwohl« ist, bestimmen natürlich diejenigen, die die Macht haben.

Aber was fürchtet man in den Ländern, die du gerade erwähnt hast, in Bezug auf Frauen, sodass man derartig grausame Gesetze erlässt?

SELBSTBEWUSSTSEIN UND SELBSTVERWIRKLICHUNG.
Wenn den Frauen erlaubt wird, zu erfahren, was sie wirklich sind, dann sind die Männer in diesen Ländern nicht länger in der Lage, sie zu kontrollieren.

Warum hat es wohl so lange gedauert, bis selbst »fortschrittliche und aufgeklärte« Länder den Frauen einfach nur das Wahlrecht gegeben haben?
Es geht immer nur um Kontrolle. Und immer maskiert sie sich als etwas, das gebraucht wird und das »gut für die Menschen« ist. Das Einzige jedoch, wonach sich die menschliche Seele sehnt, ist *Freiheit*, weil die Seele von Natur aus frei IST und immer nur diese Freiheit ausdrücken will. Alles, was diese grundsätzliche Freiheit einschränkt, ist niemals »gut für die Menschen«, sondern nur gut für diejenigen, die an der Macht sind.

Du hast Recht, Erwachsene wollen uns immer kontrollieren. Warum nur? Warum immer all dies Machtstreben?

Die meisten Menschen haben noch nicht gelernt, Macht richtig zu benutzen. Sie verstehen nicht, dass man die Macht *zu etwas* und nicht die Macht *über etwas* hat.
Denk immer daran: *Der Sinn von Macht liegt darin, etwas zu erschaffen, und nicht darin, etwas zu kontrollieren.*
Wenn Macht dazu benutzt wird, um zu kontrollieren, erschafft sie nichts. Aus diesem Grund fällt es »Kontrollfreaks« sehr schwer, etwas in Bewegung zu setzen, und Regierungen, die nur kontrollieren, erreichen genauso wenig.
Kontrolle ist der Feind des kreativen Schaffens.
»Kontrollierte Kreation« – das ist ein Widerspruch in sich.
Eine Person, die total kreativ ist, wird oft für »völlig unkontrollierbar« gehalten. Und mit Recht! So jemand ist nicht zu kontrollieren! Eine solche Person *brächte nichts zustande, wenn sie kontrolliert würde.*
Wirkliche Freiheit ist die wahre Macht, denn das ist der

Seinszustand, in dem Gott wohnt. Auch die Menschen sind in ihm zu Hause, aber sie wissen es nicht.

In diesem Buch schließt sich nun der Kreis. Mit den letzten beiden Fragen haben wir das diskutiert, womit wir unser Gespräch begonnen hatten.

Ihr seid alle mit »Ursprünglicher Macht« geboren.

Es handelt sich dabei nur um einen anderen Begriff für Gott.

Wenn ihr euch wieder eure Urspüngliche Macht nehmt, befindet ihr euch wieder in eurem Göttlichen Zustand.

Und Gott gebraucht Macht *zu etwas* und nicht *über etwas*.

Der letzte Satz – dieser eine Satz – bringt das grundlegende Missverständnis der Menschen in Bezug auf Gott zum Ausdruck.

Ursprüngliche Macht ist Das Was Ist. Diese Macht steht hinter jedem Gesetz des Universums, also auch hinter dem der Schöpfung. Sie ist das Gesetz des Lebens und das Gesetz Gottes.

Alle Propheten haben euch dies verkündet. Die modernen Propheten sprechen heutzutage in ihrer eigenen Sprache, aber wie sie sich auch ausdrücken, ihre Worte fußen immer noch auf diesem Gesetz und verdeutlichen es.

Dieses universelle Gesetz lautet: Die größte Macht ist größtmögliche Freiheit, und größtmögliche Freiheit ist die größte Macht.

Wer seine Macht mit anderen teilt, vermindert sie nicht, sondern vergrößert sie.

Glaubt nicht, dass ich gekommen bin, um das Gesetz und die Propheten abzuschaffen. Ich bin nicht gekommen, um sie abzuschaffen, sondern um sie zu erfüllen.

Nun wisst ihr Bescheid.

Ich bin nicht gekommen, um Macht *über* euch auszuüben, sondern um meine Macht *mit* euch zu teilen.
Eine andere Welt ist möglich, und ihr werdet in einer anderen Welt leben, wenn ihr das versteht.

* * *

Eine letzte Frage über Gott. Wenn du uns erschaffen hast, wer hat dann dich erschaffen?

Luciano, 14, aus Rom, Italien

DIES IST EINE wunderbare Frage, Luciano, denn sie zielt auf eines der großen Geheimnisse des Universums ab.
Mich hat niemand »gemacht«, Luciano. Ich bin das Leben an sich. Ich bin das, was ist, was war und was immer sein wird. Es gab niemals eine Zeit, in der ich nicht war.
Du, Luciano, bist das Gleiche. Du bist immer schon gewesen, bist jetzt und wirst auch in Zukunft sein. Dies ist so, weil du und ich eins sind. Was ich bin, bist auch du. Was du bist, bin auch ich. Wir sind ein und dasselbe. Wir sind Leben, das sich ausdrückt. Wir sind immerzu Das Was Ist. Ich bin die totale Summe von allen und allem, und du bist ein Teil davon, der sich gegenwärtig als Luciano ausdrückt. Dennoch sind wir in keiner Weise voneinander verschieden.
Wenn du aufhörst, dich als Luciano auszudrücken (wenn du also das tust, was allgemein als »sterben« bezeichnet wird), dann wirst du weiterleben und dich als einen anderen Teil von mir ausdrücken. Etwas anderes ist nicht möglich, denn du bist ein Teil von dem, was ich bin, und kein Teil von mir kann jemals aufhören zu existieren.
Und daher, Luciano, wird dein Leben für immer weitergehen. Du kannst deine Identität als »Luciano« beibehalten,

nachdem du deinen gegenwärtigen Körper verlassen hast, und du wirst dies so lange tun, wie es dir dient.
Sobald es dir nicht länger dient, deine Identität als »Luciano« beizubehalten, wirst du mit dem Einssein verschmelzen und zu dem Teil von mir werden, der keine individuelle Identität besitzt. Dieses Verschmelzen haben manche Menschen »Nirwana« genannt. Individuelles Bewusstsein und Verlangen bestehen in diesem Zustand nicht mehr.

Wenn ich das höre, fühle ich mich irgendwie unwohl. Werde ich nicht immer Verlangen und individuelles Bewusstsein haben wollen?

WENN DU EINS mit ALLEM bist, wirst du kein Verlangen spüren, denn *du bist dann das, aus dem Verlangen entsteht*. In gewisser Weise hast du kein Verlangen nach »Verlangen«, und es ist dir auch nicht möglich, denn du bist bereits das, wonach du verlangst.
Verlangen als eine »Sehnsucht« ist also nicht mehr Gegenstand deiner Erfahrung. Du willst nichts und hast keine Bedürfnisse mehr, denn du bist jetzt beides, der »Wollende« und das »Gewollte«, der »Bedürftige« und das »Bedürfnis«. Im Zustand vollkommener Einheit willst und brauchst du nichts.
Du bist in einem Zustand purer Glückseligkeit. Sie ist der höchste Himmel.
Dort bist du im Einklang mit der Ursprünglichen Schwingung, dem OM-Klang, dem Ruf des Lebens.
Stimuliert von dieser Vibration, wirst du anfangen, dich erneut zu differenzieren. Du wirst dich vom Ganzen lösen und wieder zu einem besonderen und individuellen Teil des Ganzen werden.

Warum muss das geschehen? Warum kann ich nicht in der Glückseligkeit des Ganzen bleiben?

DER IMMERWÄHRENDE PROZESS von Vereinigung und Differenzierung ist der grundlegende Prozess des Lebens an sich. Er vollzieht sich überall im Universum, auf allen Ebenen und Dimensionen.

Um an diesem grundlegenden Prozess teilzunehmen, musst du nicht die Glückseligkeit aufgeben, denn er selbst ist nichts anderes als Ausdruck dieser Glückseligkeit. In jedem Moment kannst du diese Glückseligkeit erfahren, indem du dich einfach nur erinnerst, Wer Du Bist und was gerade geschieht.

Was muss ich dafür tun?

DU KANNST VIELES tun. Meditation. Gebet. Körperliche Liebe. Eine Blume riechen. Musik komponieren. Ein Baby küssen. Ein Bild malen. Einen Kuchen backen. Ein kaputtes Rohr reparieren. Es ist egal, was du machst, solange du es mit Freude tust. Dein Leben aus vollen Zügen leben. Den dreispurigen Weg beschreiten: Spaß haben, Freude versprühen, Liebe schenken.

Ich weiß, was du meinst, vielen Dank! Ich verstehe nur diesen ganzen Prozess noch nicht richtig, das mit dem Einssein und der … wie nennst du es … »Differenzierung«?

JA. IN DIESEM Vorgang trennt sich wieder alles voneinander und nimmt erneut eine individuelle Gestalt an. Es ist, als ob du die Uniform einer Musikkapelle ablegst. Du bist immer noch ein Mitglied der Kapelle, aber siehst jetzt anders

aus. Du bist nun eher ein »individuelles Ich« an Stelle des »kollektiven Ichs«, das ihr »Musikkapelle« nennt.
Der nicht-differenzierte Teil des Lebens ist der größte Bereich von Allem Was Ist. Stell ihn dir vor wie eine nicht-individualisierte Energiequelle, aus der alles Individuelle hervorgeht.
Viele Menschen nennen diese »Quelle« Gott. Aus ihr entsteht alles, was es gibt. Jede individuelle Gestalt und Form hat in ihr ihren Ursprung.
Diese Quelle ist die Stammzelle des Universums.

Was ist eine Stammzelle?

HÖR MIR GUT ZU. *Dein eigener Körper enthält die Blaupause des Universums.* In den chemischen Abläufen deines Körpers ist das Geheimnis aller Lebensvorgänge versteckt. Du trägst das größte Geheimnis des Lebens in deinem eigenen Körper und versuchst es woanders zu finden. Auf der grundlegenden Ebene deines Körpers befinden sich die »Stammzellen«, wie sie von Medizinern und Biologen genannt werden. Diese Zellen haben zwei »gottähnliche« Eigenschaften. Zum einen sind sie *unsterblich* und zum anderen *»Gestaltveränderer«*.

Was?

ES STIMMT.
DIE meisten lebenden Zellen teilen sich ein paarmal und verschwinden dann wieder. Stammzellen hingegen kann man dazu bringen, sich unbegrenzt zu teilen.
Unter optimalen Bedingungen können sie sich *unbegrenzt vervielfachen*.

Zudem können sie sich in jeden anderen Zelltyp verwandeln.
Wenn die Bedingungen gegeben sind, *können sie sich also in alles Mögliche verwandeln.*

Meinst du das ernst?

JA. STAMMZELLEN SIND bereits seit dem ausgehenden 19. Jahrhundert bekannt. Seit damals weiß man, dass es sich um »nicht-spezialisierte Zellen« handelt, aus denen »differenzierte Zellen« entstehen können.
Ihr habt allerdings über hundert Jahre gebraucht, um diese Zellen isolieren zu können und sie dazu zu bewegen, spezielle Teile eures Körpers hervorzubringen.
Die medizinische Wissenschaft ist heute in der Lage, alles aus Stammzellen herzustellen, von Knochen über Herzmuskel bis zu Gehirngewebe.
Und ihr seid dabei, auch weitere Geheimnisse zu lüften.
Euer praktisches Wissen über die Gentechnik nimmt ständig zu, und so habt ihr inzwischen auch das menschliche Genom dekodiert, also die DNS von Menschen und anderen Organismen.
Bald werdet ihr fähig sein, die Lage der Chromosomen auf jedem Gen zu bestimmen sowie ihre präzise chemische Struktur, um auf diese Weise die Zusammenhänge zwischen Gesundheit und Krankheit besser zu verstehen.
Ihr seid dabei, die Geheimnisse des ewigen Lebens zu lüften.

Oh, Mann…

JA – OH, MANN…

In diesem Gespräch habt ihr schon oft gestaunt, und diese Feststellung ist sicherlich die erstaunlichste von allen.
Wir sprechen hier über den grundlegenden Prozess des Lebens an sich. Was ihr »Gott« nennt, ist die undifferenzierte Ursprüngliche Zelle allen Lebens. Gott ist für das Universum das, was die Stammzelle für euren Körper ist.
Das Geheimnis Gottes liegt in der Struktur eures eigenen Körpers verborgen. Schon immer haben die Mystiker behauptet, dass ihr Gott verstehen werdet, indem ihr euch selbst versteht. *Dies stimmt sowohl körperlich als auch spirituell.*
Ihr seid dabei, all diese Zusammenhänge zu entdecken.

Oh, mein Gott.

GENAU. DAS IST exakt die richtige Formulierung. Ich selbst hätte keine besseren Worte finden können. »Oh, mein Gott« ist der passende Ausruf.
Wissenschaft und Spiritualität kommen gegenwärtig zusammen, denn es war unvermeidlich, dass ihre Wege einmal zusammenführen mussten. Dies ist eine aufregende Zeit, von der eure Eltern und eure Großeltern noch nicht einmal geträumt haben.
Ich glaube, jetzt verstehst du auch mehr, warum du zu diesem Buch gekommen bist. Und nicht nur zu diesem Buch, sondern auch zu deinem Körper, auf diesem Planeten, zu diesem besonderen Zeitpunkt.
Niemals zuvor in der Existenz der menschlichen Gattung – *wirklich niemals* – gab es so viele Möglichkeiten, so viele Herausforderungen, solch klare und aufregende Visionen.
Du und all die anderen jungen Menschen um dich herum

leben den größten Teil ihrer Zeit in diesem kosmischen Moment. Die älteren Menschen bekommen noch ein wenig von ihm mit, *aber du wirst ganz durch ihn hindurchgehen*.

Du wirst die moralischen und spirituellen Auswirkungen all dessen, was ich soeben offenbart habe, am eigenen Leib erleben. Du wirst entscheiden, was du mit all dem anfangen willst.

Glaubst du immer noch, du wärst zufällig in dieser Zeit an diesem Ort?

Lass dir gesagt sein, dass du nicht zufällig hier bist.

Dies ist der außergewöhnlichste Moment der menschlichen Geschichte, und du bist hier, um dich voll auf ihn einzulassen. *Und ihn zu erschaffen.*

19

Eine abschließende Frage

Was würdest du an der heutigen Gesellschaft verändern, wenn du die Möglichkeit dazu hättest?

Peter, 15

Ich würde die Sichtweise verändern, wie ihr euch selbst, mich und das Leben als solches seht.
Ich würde euch erkennen lassen, dass wir EINS sind, dass ihr mit jedem Wesen und jedem Ding verbunden seid und dass das Leben ewig ist – ohne Anfang und ohne Ende.
Wenn ihr dies alles erkennt, ändert sich eure Erfahrung für immer. Die neue Sichtweise verändert euer ganzes Leben.

Warum tust du es dann nicht? Warum lässt du uns dies alles nicht erkennen? Warum veränderst du die Gesellschaft nicht in diese Richtung?

Peter, ich handle niemals auf eigene Faust. Wenn ich es täte, würde ich das Gesetz des freien Willens brechen und mich direkt in euer Leben einmischen.

Du würdest das »grundlegende Prinzip« des Universums verletzen.

Genau.

Das, was du verändern würdest, kann also nicht geschehen?

Die Veränderungen können nur durch euch selbst in Gang gesetzt werden. Ich kann es nicht *für* euch tun, ich kann es nur *mit* euch tun. Der Grund dafür liegt darin, dass ihr mit Gott EINS seid und das Leben sich *durch* euch und das, was ihr seid und tut, ausdrückt.
Ich bin gekommen, um euch dies mitzuteilen. Und ihr wollt hören, was ich zu sagen habe, sonst würdet ihr dieses Buch jetzt nicht in euren Händen halten.

Aber wie kann ich die Welt verändern?

So sehr sich auch eure Regierungen, eure Sozialsysteme und selbst eure Religionen anstrengten, sie waren nicht in der Lage, das grundlegende menschliche Verhalten zu verändern. Und daher verhalten sich die Menschen auch heute noch weitgehend so, wie sie sich immer verhalten haben – sie streiten, kämpfen miteinander, töten sich gegenseitig und sind unfähig, offen miteinander zu teilen und sich zu lieben.

Warum ist das so?

Weil ihr Menschen immerzu versucht, die *Lebensbedingungen* auf eurem Planeten zu verändern anstatt die *Glaubensvorstellungen, die diese Bedingungen erst erschaffen haben.*
Ihr versucht, all die Bedingungen zu beseitigen, die zu Armut, Hunger, Elend, Unterdrückung, Vorurteil, Ungleich-

heit, Gewalt und Krieg führen … und seid dabei *auf die Beseitigung dieser Zustände fixiert.*

Ihr versucht mit allen möglichen Mitteln, diese Bedingungen zu verändern, sei es durch religiöses Überzeugen, Wahlmandate, königliche Erlasse, aufgeklärte Diktaturen, totalitäre Regierungen, Volksaufstände und wer weiß was noch alles … und dennoch schafft ihr es nicht, sie zu überwinden.

Obwohl die Menschheit angeblich so fortschrittlich ist und über so viele technologische Möglichkeiten verfügt, obwohl so viel Überfluss und Wohlstand vorhanden ist und ein zunehmendes Bewusstsein über all diese schrecklichen Zustände existiert, sind die Menschen nicht in der Lage, die grundlegenden Probleme von Armut, Hunger, Elend, Unterdrückung, Vorurteil, Ungleichheit, Gewalt und Krieg zu lösen.

Und sie können es auch nicht, weil diese Lebensbedingungen *Ausdruck von Glaubensvorstellungen* sind, die sich nicht geändert haben. Wenn ihr die Welt verändern wollt, müsst ihr zuerst die Vorstellungen über die Welt verändern.

Bestimmte Lebensweisen und Lebensbedingungen können immer nur für eine gewisse Zeit verändert werden. Wenn es dir um zeitweise Verbesserungen geht, solltest du dich auf sie konzentrieren. Wenn du aber dauerhafte Veränderungen erzielen willst, musst du den Menschen dabei helfen, ihre Glaubensvorstellungen zu verändern.

Denk immer daran: *Glaubensvorstellungen erzeugen Verhaltensweisen und Verhaltensweisen erzeugen Lebensbedingungen.*

Dies trifft sowohl auf dein persönliches Leben zu als auch auf die kollektive Wirklichkeit, die ihr euch weltweit erschafft.

Wie können wir solche Glaubensvorstellungen verändern?

Zuerst einmal musst du dir im Klaren darüber sein, welche Vorstellungen du verändern willst. Die meisten Menschen sind sich gar nicht bewusst, dass sie bestimmte Glaubensvorstellungen haben. Sie haben noch nie darüber nachgedacht, weil sie zu sehr damit beschäftigt sind, ihren Alltag zu bewältigen. Sie sind unentwegt dabei, die Probleme zu lösen, die sie durch ihre Glaubensvorstellungen schaffen, sodass sie keine Zeit und Muße haben, diese Glaubensvorstellungen selbst einmal genau unter die Lupe zu nehmen.

Welche Glaubensvorstellungen sollten wir ändern?

Die Menschen glauben an Bedürftigkeit. Sie glauben nicht nur, dass gewisse Dinge unverzichtbar sind, sondern auch, dass sie nur unzureichende Mittel haben, sich diese Dinge zu beschaffen. Sie glauben an Spaltung und Versagen. Und sie glauben an Überlegenheit.
Am meisten aber glauben sie, dass Liebe immer an bestimmte Bedingungen geknüpft ist. Sie denken daher, dass ihre Liebe – und so auch meine Liebe und die Liebe an sich – von bestimmten Voraussetzungen abhängig ist, die erfüllt sein müssen, um überhaupt in ihren Genuss kommen zu können. Sie fordern Gesetze, nach denen beurteilt werden kann, wer diese Voraussetzungen erfüllt hat, und was mit denen geschieht, die versagt haben.
Die Menschen glauben zutiefst an ein solches System von Spaltung, Mangel, Versagen, Richten, Verdammung und Überlegenheit und *verhalten sich dementsprechend.* Auf diese Weise erzeugen sie ihr eigenes Elend.
Außerdem glauben die Menschen nicht daran, dass es mög-

lich ist, die eigenen Überzeugungen abzulegen und neue Sichtweisen zu erschaffen, weil sie nicht wissen und nicht wissen können, wie sie dies anstellen sollen. Die Menschen glauben an Unwissenheit und Ignoranz.
Dies alles sind die grundlegenden Illusionen der Menschheit, die die irdische Realität sehr stark bestimmen. Dennoch könnt ihr all dies verändern.

Was müssen wir dazu tun?

Zuerst einmal müsst ihr das Problem – was ihr da tut – richtig verstehen und dann nach Lösungen Ausschau halten. Diese Lösungen müssen in der Lage sein, eure grundlegenden Überzeugungen zu verändern und anderen dabei zu helfen, ihre überholten Ansichten ebenfalls zu überwinden.

In Ordnung. Aber bevor wir uns mit möglichen Lösungen befassen, möchte ich klären, ob wir die Macht haben, sie durchzusetzen. Ich möchte hier nicht auf die falsche Fährte geführt werden. Bist du sicher, dass wir das alles auch tatsächlich tun *können*? Auch wenn es noch niemand vorher getan hat?

Bislang hat es euch noch niemand mit dieser Klarheit und Eindeutigkeit erklärt.
Immer mehr Menschen begreifen inzwischen, dass die Probleme, mit denen sich die Menschheit konfrontiert sieht, real sind und sie selbst und die Erde zerstören könnten. Und immer mehr Menschen wird klar, wie sie helfen können, etwas dagegen zu tun.
Aus diesem Grund ist die Gegenwart eine entscheidende Zeit. Darum fiel auch dieses Buch in deine Hände.

Ja, ihr habt die Macht, eine neue Realität auf der Erde zu erschaffen. Absolut. An diesem Punkt kommt eure Ursprüngliche Macht ins Spiel. Vielleicht ist dies sogar die erste Überzeugung, die ihr ändern solltet. Ihr müsst euch von der Vorstellung trennen, dass ihr diese Macht nicht habt.

Weil – und damit wären wir wieder dort, wo wir schon mal waren – das, was wir glauben, zu unserer Erfahrung wird.

GENAU. UND MANCHE Dinge sind nicht so leicht zu glauben und daher auch nicht so leicht zu erfahren.

Kannst du mir ein Beispiel nennen?

NUN, ES IST einfacher sich vorzustellen, dass man einen Parkplatz findet, wenn man einen braucht, als sich klar zu machen, dass Nicht-Einheit oder Spaltung nicht existieren, dass Unwissenheit nicht existiert und dass es keine ewige Verdammnis gibt. Viele Menschen haben nichts dagegen, ihre Ursprüngliche Macht einzusetzen, um »geringfügige Resultate« zu erzielen, aber sie gebrauchen diese kreative Kraft nicht, um auch auf einer höheren Ebene etwas zu erreichen, weil sie nicht glauben, dass dies möglich ist.
In ähnlicher Weise können manche Menschen kleine negative Erfahrungen als »Geschenk« betrachten (und nennen es »versteckten Segen«). Größere negative Ereignisse in ihrem Leben empfinden sie jedoch als unangenehm und schmerzlich (und nennen es dann »Unglück« oder »Tragödie«). Sie glauben also, dass sie kleinere Erfahrungen transformieren können, nicht jedoch schwerer wiegende Ereignisse.

Meister sind Menschen, die überzeugt sind, dass sie mit der Ursprünglichen Macht (oder der Macht Gottes oder der Macht des Gebets, wie es einige von ihnen nennen) *alles* erschaffen können. Aus diesem Grund bewirken sie dann auch das, was ihr »Wunder« nennt.

Wenn ich also glaube, dass mein Leben nicht so sein muss, wie es ist, und dass alles verändert werden kann, dann geschieht dies auch?

JA. AUF DIESE Weise haben alle bisherigen Veränderungen stattgefunden. Irgendwer hat irgendwo an sie geglaubt, und so sind sie tatsächlich eingetreten. In der Regel, weil diese Person dann auch tatkräftig geholfen hat, diese Veränderung herbeizuführen.
Deshalb habe ich auch weiter oben gesagt, dass du niemals die Hoffnung verlieren und damit aufhören solltest, dein Leben und die Welt zu verändern.
Ihr alle lest in diesem Moment dieses Buch, um den nächsten Abschnitt eurer Reise zu beginnen. Es ist eine Reise in die Hoffnung und in die Ganzheit. Es ist die Reise nach Hause.
Wacht auf und seht, was um euch herum geschieht. Lebt euer Leben auf neue Weise, mit Zielgerichtetheit und Klarheit und mehr Spaß, als ihr jemals für möglich halten werdet.
Erinnert ihr euch an den dreispurigen Weg?
Hab Spaß.
Versprüh Freude.
Verschenk Liebe.
Leute, ihr habt wirklich die Chance, *so* für den Rest eures Lebens zu leben.

Seid ihr bereit?
Gut, dann fangt, jetzt an.
Fangt jetzt damit an.
Heute zu Hause, morgen in der Schule.
Fangt jetzt an.
Mehr braucht es nicht. Und es ist mit Sicherheit nicht zu viel für euch. Nichts von all dem wird euch überfordern. Spaß, Freude und Liebe sind *das, was ihr seid*. Es ist euer natürlicher Seinszustand. Lasst es einfach geschehen.
Habt Spaß bei allem, was ihr tut. Ja, sogar in der Schule. Habt einfach Spaß mit ihr. Betrachtet sie als das, was sie ist – ein Sprungbrett auf dem Weg zu dem großartigsten Leben, das du dir jemals erträumen kannst.
Habt Spaß mit allem. Es ist möglich. Lasst einfach das Drama außen vor und nehmt allen nutzlosen Stress raus. Alles ist gut so, wie es ist.
Versprüht um euch herum Freude. Manchmal reicht schon ein einfaches Lächeln, ein Lachen, ein Wort der Ermutigung, ein kleiner Gefallen, eine hilfreiche Geste.
Verschenkt Liebe an alle, und lasst euch dabei von eurer Seele tragen, denn sie kennt den richtigen Moment und weiß, was für jede Beziehung zu einem anderen Menschen – und zu euch selbst – angemessen ist.
Geht nun und erschafft eure Welt so, wie ihr sie haben wollt. Geht nun und feiert euer Leben und all das, was jeden und jede von euch einzigartig macht.
Geht nun und erschafft euch aufs Neue in der nächstgrößeren Version der großartigsten Vision, die ihr je über Wer Ihr Seid hattet
Hierzu lade ich euch ein. Es ist euer Traum und euer nächstes großes Abenteuer.

Zum Abschluss…

Zu Beginn dieses Buchs habe ich gesagt, dass du dieses Buch zu dir gerufen hast. Du wolltest klarer als jemals zuvor die Wahrheiten hören, die dein Herz schon immer weiß und die die Welt verändern können.

Die Ereignisse, die in den Vereinigten Staaten am 11. September 2001 geschehen sind, haben auf schmerzliche Weise deutlich gemacht, dass unsere Welt verändert werden *muss,* oder es wird bald keine Welt mehr da sein, die verändert werden kann. Trotz dieser Ereignisse möchte ich euch in dieser abschließenden Botschaft Mut machen, denn die Welt *kann* liebevoller und friedfertiger sein. Ihr *könnt* mehr Freude haben und ein sinnvolleres Leben führen.

Geschockt von den Ereignissen an jenem Tag im September, sind Millionen von Menschen auf der ganzen Welt motiviert wie noch nie, unseren Lebensstil auf diesem Planeten zu verändern. Wie kann dies also geschehen? Ich bin mir sicher, du weißt wenigstens einen guten Weg, auf dem dies geschehen kann. Mach dir jetzt klar, wie du leben möchtest – sowohl im privaten als auch im öffentlichen Bereich –, und versuche, der Ausgangpunkt für das zu sein, was du verändern willst.

Eine zentrale Botschaft der *Gespräche mit Gott* lautet: *Ermögliche jemand anderem das, was du selbst erfahren möchtest.* Wenn du also mehr Frieden, Liebe und Verstehen in deinem Leben wünschst, dann sorge für mehr Frieden, Liebe und Verstehen im Leben der Menschen, zu denen du Kontakt hast. Wenn du dich sicher und geborgen fühlen willst, dann bereite einem anderen das Gefühl von Sicherheit und Geborgenheit. Wenn du scheinbar unverständliche Zusammenhänge besser verstehen willst, dann hilf anderen Menschen, die Dinge besser zu verstehen. Wenn du von deiner Trauer oder deiner Wut geheilt werden möchtest, dann versuch Traurigkeit und Wut bei anderen zu heilen.

In Kapitel 15 hat einer von euch die Frage gestellt: »Warum muss ich immer derjenige sein, der anfängt?« Diese Frage erinnert mich an zwei wunderbare Fragen, die in der jüdischen Tradition eingesetzt werden, um die eigene Seele zu erforschen: *Wann, wenn nicht jetzt? Wer, wenn nicht ich?*

Ihr jungen Menschen könnt die Veränderungen herbeiführen, die uns wegführen von dem Wahnsinn, der sich im Ereignis des 11. September 2001 gezeigt hat. Ihr könnt noch heute die Richtung für morgen bestimmen.

Es gibt für uns alle viel zu tun, nur eins dürfen wir nicht mehr zulassen. Wir dürfen unser Zusammenleben auf diesem Planeten nicht länger so gestalten, wie wir es in der Vergangenheit getan haben. Ich sage euch damit nichts Neues. Die meisten jungen Menschen wissen dies bereits. Seit Jahren schon versucht ihr dies der Welt klarzumachen, sei es durch Proteste oder Gedichte oder Lieder. Einige von euch sind wütend, weil sie kein Gehör finden. Und Wut ist gegenwärtig, an diesem kritischen Punkt der menschlichen Geschichte, auch nicht gerade unangemessen. Sie ist vielleicht sogar eine Form des Segens. Wenn ihr eure Wut dazu benutzt, die genauen *Ursachen* aufzuzeigen, anstatt nur *Schuld* zuzuweisen, dann seid ihr auf dem Weg in Richtung positiver Veränderung.

Für mich liegen diese Ursachen auf der Hand. Sie wurden immer wieder in diesem Buch diskutiert. Wir leben in einer Welt, in der die Menschen nicht wissen, wie das Leben funktioniert und welchen Sinn es hat. Viele Menschen haben die grundlegenden Lektionen nicht gelernt. Sie erinnern sich nicht an die grundlegenden Wahrheiten. Die meisten haben noch nie etwas von spiritueller Weisheit gehört. Mit anderen Worten, sie hören Gott nicht mehr zu, und weil sie es nicht mehr tun, schauen sie sich dabei zu, wie sie unmenschliche Dinge tun.

Die Botschaft der *Gespräche mit Gott* ist einfach: *Wir sind alle eins.* Diese Botschaft hat die Menschheit bislang fast völlig ignoriert. Unsere stets von Getrenntheit ausgehende und Trennung herstellende Mentalität liegt all unseren menschlichen Errungenschaften zu Grunde. Und weil unsere Religionen, unsere politischen Strukturen, unsere wirtschaftlichen Systeme, unsere Bildungseinrichtungen und unsere gesamte Lebensauffassung auf der Vorstellung beruhen, dass wir voneinander getrennt sind, konkurrieren wir ständig miteinander. Aus dieser Konkurrenz entstehen andauernd Konflikte, und da Gleiches sich anzieht, führt Negativität immer nur zu weiterer Negativität.

Das Problem hat nun ein solches Ausmaß angenommen, dass es den gesamten Planeten bedroht, darüber sollten wir uns wirklich im Klaren sein. Die Menschheit hat die Mittel, um sich selbst auszulöschen. Wir bräuchten noch nicht einmal einen ganzen Tag, um alles Leben auf diesem Planeten zu zerstören.

Wir stehen das erste Mal in der Menschheitsgeschichte vor dieser Situation. Bislang konnten wir ein Dorf zerstören oder eine Stadt oder sogar eine Nation, aber niemals gleich die ganze Welt. Inzwischen sind wir dazu in der Lage. Daher fordere ich alle jungen Menschen überall auf der Welt dazu auf, sich mit dieser bedrohlichen Situation ernsthaft auseinander zu setzen.

Ich hoffe, dass ihr aus einer spirituellen Perspektive heraus Antworten findet und euch nicht, wie in der Vergangenheit, auf politische und ökonomische Lösungsansätze beschränkt.

Ich hoffe, ihr führt eure eigenen Gespräche mit Gott, denn nur aus der Perspektive der größten Weisheit und Wahrheit können wir mit diesen Problemen fertig werden – und wir stehen gegenwärtig vor der schwierigsten Situation und der größten Herausforderung in unserer Geschichte.

Wenn ihr all die Schönheit dieser Welt, von der so reichlich vorhanden ist, für eure Kinder und Kindeskinder bewahren wollt, dann solltet ihr hier und jetzt spirituell aktiv werden. *Ihr müsst euch dazu entschließen, der Keim für eine andere Lebensweise zu sein.*

Jeder denkende Mensch sieht sich heute vor diese Herausforderung gestellt – egal, wie jung oder alt er ist. Dennoch sind es vor allem die jungen Menschen, die *wirklich motiviert* sind und die die Kraft, den Schwung und die Energie haben, sich dieser Herausforderung zu stellen. Denn sie sind es, die die Welt von morgen erleben und gestalten.

Ich bitte euch daher: Erschafft die Welt nicht aufs Neue so, wie ihr sie heute vorfindet. Macht nicht einfach weiter wie bisher.

Legt eure zynische Lebenseinstellung ab, falls ihr bisher dem Leben so gegenübergetreten seid. Und hört auf, desinteressiert zu sein, wenn ihr dies bisher gewesen sein solltet. Lasst keinen Tag mehr verstreichen, ohne dass ihr euch hier und jetzt aktiv einmischt, sei es zu Hause oder in der Schule oder in eurer Gemeinde oder in der Öffentlichkeit. Seid Teil einer Bewegung für mehr Verstehen, Harmonie und Liebe in der menschlichen Erfahrung.

Helft anderen Menschen, die überholten Glaubensvorstellungen zu verändern, die zu dem unfreundlichen, selbstsüchtigen, grausamen und inhumanen Verhalten führen, das ihr um euch herum seht. Werdet zu Veränderern, die sich nicht mehr damit zufrieden geben, nur darüber zu sprechen, was *nicht* funktioniert, sondern die sich daran beteiligen, das zu erschaffen, was funktionieren *wird*.

Unsere gemeinnützige Stiftung ReCreation bildet den Rahmen für eine internationale Allianz von jungen Menschen, die diese Entscheidung treffen. Wenn du weltweit mit Menschen Kontakt aufnehmen willst, die zusammen bestimmte Projekte machen, die die Welt verändern können, oder wenn du daran interessiert bist, bei dir vor Ort eine lokale Gruppe zu bilden, dann nimm noch heute Kontakt mit uns auf:

The Changers
939 B. Street
Ashland, Oregon 97520
USA
Telefon: 001-541-201-0019
E-Mail: info@thechangers.org
www.thechangers.org

Ich möchte mich nun von euch, meinen jungen Freunden, verabschieden. Ich hoffe, das Gespräch hat euch viel gebracht und euch darin bestärkt, mehr aus eurer inneren Weisheit und Wahrheit heraus zu leben. Euch gehört die

Zukunft. Macht aus ihr die beste Welt, die es jemals gab. Viel Glück und viel Liebe.

Neale Donald Walsch
Ashland, Oregon (USA)
Im September 2001

Vom Autor empfohlen

Literatur

Adele Faber und Elaine Mazlish: *Nun hör doch mal zu. Elternsprache, Kindersprache.* Droemer Knaur, München 1989
Dieses Buch kannst du auch deinen Eltern zum Lesen geben.

Michael Lerner: *Wege zur Heilung.* Piper, München 1998
In diesem außergewöhnlichen Buch wird beschrieben, was wir hier und jetzt tun können, um eine neue »Lebensgrundlage« zu schaffen, auf der sich auch vor allem junge Menschen wohl fühlen. Zu dieser neuen Lebensgrundlage gehört ein neues Wertesystem, das »Erfolg« neu definiert und was es heißt, wirklich menschlich zu sein.
Das Buch ist voll von innovativen und herausfordernden Ideen, und es wäre fantastisch, wenn ihr jungen Leute es alle lesen würdet – besonders, wenn ihr euch gerade Gedanken über euren Beruf macht und überlegt, was ihr nach Schule, Ausbildung und Elternhaus tun wollt.

Debbie Ford: *Die dunkle Seite der Lichtjäger.* Goldmann, München 1999
In diesem Buch geht es darum, unsere »Schattenseite« kennen und lieben zu lernen, anstatt sie weiterhin zu ver-

teufeln und zu verdrängen. Es ist wirklich ein ausgezeichnetes Buch für Jugendliche. Besorgt es euch, ihr werdet es lieben!

Lynn Grabhorn: *Aufwachen – Dein Leben wartet.* Goldmann, München 2004
Dies ist ein unglaubliches, amüsant geschriebenes und leicht zu lesendes Buch, das viele Werkzeuge anbietet, mit denen du dein Denken und dein Leben verändern kannst.

Dr. Norman Vincent Peale: *Die Kraft des positiven Denkens.* Oesch, Zürich 1994
Aus diesem großartigen Buch – inzwischen ein Klassiker – wird jeder großen Nutzen ziehen.

Internet

www.yesworld.org
YES – Youth for Environmental Sanity – ist eine gemeinnützige Organisation, die junge Menschen dazu anregt und anleitet, sich der Bewegung für soziale Gerechtigkeit und eine saubere Umwelt anzuschließen. Junge Menschen stehen auf der Schwelle zum Leben und treffen wichtige Entscheidungen für die Zukunft. Manche glauben, dass es zum Erwachsenwerden gehört, die eigenen Ideale aufzugeben. Dieser Organisation geht es darum, wie man jeden Tag seine höchsten Ideale leben und umsetzen kann. YES ist überzeugt, dass die Leidenschaft, die Kreativität und die Zielstrebigkeit der Jugend unsere Welt transformieren kann.

Der erste und grundlegende Band der »Gespräche mit Gott«-Trilogie – ungekürzt als Hörbuch!

7 CDs, ca. 9 Stunden 12 Minuten Spielzeit
ISBN 978-3-442-33683-8

Ein Dialog der besonderen Art, der in diesem Teil vor allem um Probleme und Fragen des individuellen Schicksals kreist. Eine behutsame, einfühlsame Erörterung und dabei eine große, warme Umarmung des Göttlichen; denn den von den Religionen vereinnahmten Gottesvorstellungen setzt Walsch sein überkonfessionelles, liebevolles Gottesbild entgegen.

arkana
AUDIO